Michael Oelgeschläger

Ist das Anschauen von Videostreams im Internet legal?

Eine Studie zur Rechtmäßigkeit des Streaming
aus urheberrechtlicher Sicht

Oelgeschläger, Michael: Ist das Anschauen von Videostreams im Internet legal? Eine Studie zur Rechtmäßigkeit des Streaming aus urheberrechtlicher Sicht, Hamburg, Igel Verlag RWS 2014

Buch-ISBN: 978-3-95485-217-8
PDF-eBook-ISBN: 978-3-95485-717-3
Druck/Herstellung: Igel Verlag RWS, Hamburg, 2014

Bibliografische Information der Deutschen Nationalbibliothek:
Die Deutsche Nationalbibliothek verzeichnet diese Publikation in der Deutschen Nationalbibliografie; detaillierte bibliografische Daten sind im Internet über http://dnb.d-nb.de abrufbar.

© Igel Verlag RWS, Imprint der Diplomica Verlag GmbH
Hermannstal 119k, 22119 Hamburg
http://www.diplomica.de, Hamburg 2014
Printed in Germany

Inhaltsverzeichnis

Abkürzungsverzeichnis

AG	Amtsgericht
BGH	Bundesgerichtshof
BT-Drs.	Verhandlungen des Deutschen Bundestages, Drucksachen
bzw.	beziehungsweise
CR	Computer und Recht
d.h.	das heißt
EG	Europäische Gemeinschaft
EuGH	Europäischer Gerichtshof
ff.	fortfolgende
GG	Grundgesetz
GRUR	Gewerbliche Rechtsschutz und Urheberrecht
GRUR-RR	Gewerbliche Rechtsschutz und Urheberrecht – Rechtsprechungs-Report
K&R	Kommunikation & Recht
KG	Kammergericht
LG	Landgericht
MMR	MultiMedia und Recht
NJW	Neue Juristische Wochenschrift
Nr.	Nummer
OLG	Oberlandesgericht
O.V.	Ohne Verfasser
Rn.	Randnummer
RL	Richtlinie
S.	Seite
UrhG	Urheberrechtsgesetz
z.B.	zum Beispiel

A. Einführung

I. Hintergrund und Problemstellung

Maxdome, Watchever, kinox.to, Spotify, Netflix, MyVideo – die Anzahl der Streaming-Angebote im Internet ist in letzter Zeit rasant angestiegen und wächst noch immer. Die neuen technischen Möglichkeiten und die ansteigenden Internet-Übertragungsraten ermöglichen es, Musik sowie Filme und Videos zu jeder Zeit und nahezu von jedem Ort aus abzurufen und zu konsumieren. Einer Umfrage von *Media Control* aus dem Jahr 2013 zufolge nutzen mittlerweile 43 % der Internetnutzer in Deutschland Streaming-Dienste.[1] Zudem hat sich der Umsatz aus abo- und werbefinanzierten Musikstreaming-Diensten laut dem *Bundesverband Musikindustrie (BVMI)* von 30,1 Millionen Euro in der ersten Hälfte von 2013 auf 57,4 Millionen Euro im ersten Halbjahr von 2014 fast verdoppelt.[2]

Die Streaming-Technologie als neue Form der Mediennutzung ist damit allgegenwärtig und hat den Download als herkömmliche Nutzung digitaler Medieninhalte praktisch abgelöst. Längst ist es nicht mehr notwendig, sich eine Kopie von einem Musiktitel oder einem Videoclip herunterzuladen und auf einem Speichermedium aufzubewahren. Meistens reichen wenige Klicks und der gewünschte Medieninhalt kann über das Internet via Streaming-Verfahren ganz einfach von einem Server abgerufen werden. Selbst das klassische Fernsehen läuft Gefahr, bald vom Streaming ersetzt zu werden, da der Trend dahin geht, sich Filme und TV-Sendungen über die Streaming-Angebote dann anzuschauen, wann man es möchte und wann man die Zeit dafür besitzt.

Wie seiner Zeit beim Aufkommen des Downloads und des Filesharing über Online Tauschbörsen sind aber auch mit dem Streaming Rechtsprobleme verbunden, besonders mit dem Urheberrecht, da hauptsächlich Werke der Literatur, Wissenschaft und Kunst betroffen sind. Zudem bestehen auf Nutzerseite viele Unsicherheiten und Zweifel hinsichtlich der Rechtmäßigkeit und der Zulässigkeit des Streaming. Nicht zuletzt die durch alle Medien gehende

---

[1] *O.V.* http://www.heise.de/mac-and-i/meldung/Wachstum-bei-Streaming-Diensten-in-Deutschland-1872019.html (besucht am 04.07.2014).
[2] *Gottfried,* http://www.musikmarkt.de/Aktuell/News/Streaming-in-Deutschland-BVMI-und-BITKOM-melden-Wachstum (besucht am 11.07.2014).

Abmahnaffäre um das Streaming-Portal Redtube hat dazu geführt, dass eine gewisse Skepsis gegenüber dem Streaming besteht.

Vor diesem Hintergrund ist es das Ziel dieser Arbeit die Frage zu klären, ob beim Streaming im Internet ein Verstoß gegen das Urheberrecht begangen wird. Dabei liegt der Fokus auf Seiten des Internetnutzers bzw. es wird untersucht, ob der Nutzer beim Streaming im Internet eine Urheberrechtsverletzung begeht.

II. Vorgehensweise

Zunächst wird in der vorliegenden Arbeit die Funktionsweise des Streaming im Internet beschrieben und erläutert. Der technische Ablauf wird skizziert und die verschiedenen Streaming-Arten werden vorgestellt.

Anschließend folgt die Untersuchung der Rechtmäßigkeit des Streaming aus urheberrechtlicher Sicht. Neben der Darstellung des Verhältnisses zwischen dem Streaming und dem Urheberrecht sowie den betroffenen Rechten des Werkverwerters beim Streaming wird der Rechtsfrage nachgegangen, ob beim Streaming ein Eingriff in das Vervielfältigungsrecht erfolgt.

Im nächsten Schritt wird geprüft, ob und welche Schrankenregelungen des Urheberrechts für den Streaming-Nutzer greifen können. Der Schwerpunkt liegt dabei auf den §§ 53, 44a UrhG und deren Auslegung.

Im vorletzten Abschnitt wird angesichts der umstrittenen Rechtmäßigkeit des Streaming die Redtube-Abmahnaffäre beleuchtet. Es werden die urheberrechtlichen Problematiken bezüglich des Streaming in diesem Fall aufgezeigt und analysiert sowie die Rolle des Landgerichts Köln erläutert. Des Weiteren werden die aktuellen Entwicklungen in der Rechtsprechung sowohl zum Fall Redtube als auch zum Streaming dargelegt und rechtlich bewertet.

Am Ende erfolgt eine Zusammenfassung der Erkenntnisse dieser Arbeit in einem abschließenden Fazit.

B. Funktionsweise des Streaming im Internet

Im folgenden Abschnitt wird erläutert, wie das Streaming im Internet funktioniert und abläuft. Dabei wird beschrieben, was unter dem Verfahren des Streaming zu verstehen ist und welche Differenzen zum Filesharing und zum Download bestehen. Zusätzlich wird der technische Ablauf beim Streaming skizziert sowie die verschiedenen Arten des Streaming dargestellt.

I. Unterschied zwischen Filesharing, Download und Streaming

An dieser Stelle wird zunächst der Unterschied zwischen dem Filesharing, dem Download und dem Streaming aufgezeigt, um die Funktionsweise des Streaming näher zu erläutern und um die später folgende Beurteilung der Rechtmäßigkeit des Streaming nachvollziehbarer zu gestalten.

Während Dateien beim Filesharing in Form von Musiktauschbörsen wie *Napster*, *BearShare* oder *Kazaa* und beim allgemein bekannten Download aus dem Internet auf den privaten Computer heruntergeladen und dauerhaft gespeichert werden, entsteht beim Streaming keine dauerhafte Speicherung der Dateien.[3] Anders als beim Filesharing oder Download ist es nicht das Ziel beim Streaming, eine Kopie von den Dateien aus dem Internet anzufertigen und auf dem Rechner zu speichern. Die Dateien bzw. die Medieninhalte, wie Filme, Sendungen oder andere Videos, sollen dem Internetnutzer direkt übermittelt und präsentiert werden.[4] Dabei werden Audio- und Videodateien direkt aus dem Internet abgerufen und empfangen sowie gleichzeitig auf dem Rechner des Nutzers wiedergegeben.[5] Der Internetnutzer besitzt somit die Möglichkeit, Videos mit Hilfe des Streaming unmittelbar anschauen zu können und muss die Dateien nicht wie z.B. beim Download zunächst herunterladen und damit einige Zeit warten, bis das Abspielen der Audio- oder Videodatei möglich ist. Das Streaming umfasst somit einen Vorgang, bei dem kontinuierlich Daten aus dem Internet in einem Datenstrom an den Computer des Nutzers übertragen und gleichzeitig als Audio- oder Videostream wiedergeben werden.[6] Kennzeichnend für das Streaming ist, dass die übertragenen Daten aus dem Internet nicht dauerhaft auf dem Rechner gespeichert werden, was den Hauptunterschied zum Filesharing und zum Download ausmacht.

---

[3] *Fangerow/Schulz*, GRUR 2010, 677, 678.
[4] *Wandtke/von Gerlach*, GRUR 2013, 676.
[5] *Büscher/Müller*, GRUR 2009, 558.
[6] *Ensthaler*, NJW 2014, 1553.

II. Technischer Ablauf des Streaming

Angesichts des komplexen technischen Verfahrens beim Streaming sollen hier nur kurz die essentiellen Vorgänge dargelegt werden.

Beim Streaming, dem Abruf von Audio- und Videodateien aus dem Internet, werden die Daten des Streams, dem Datenstrom, von einem Server auf ein Endgerät des Nutzers, meist einen Computer, übertragen. Während der Übertragung dieser Datenpakete ist eine Wiedergabe bzw. ein Abspielen des Streams auf dem Rechner möglich.[7] Die übertragenen Datenpakete weisen dabei eine verkleinerte Version des abgerufenen Videos oder Films auf.[8] Bei der andauernden Datenübertragung zwischen dem Server und dem empfangenen Rechner werden die ankommenden Daten decodiert und auf dem Rechner des Nutzers mithilfe einer Software, in der Regel mit dem im Browser eingebundenen Adobe Flash Player, wiedergegeben.[9]

Es finden beim Streaming Zwischenspeicherungen der Daten im Arbeitsspeicher bzw. im Browser-Cache statt, damit eine konstante und verzögerungsfreie Wiedergabe der empfangenen Daten auf dem Computer gewährleistet werden kann.[10] Das Zwischenspeichern im Cache des Browsers, auch „Buffering" oder „Puffern" genannt[11], ist für das einwandfreie und fortlaufende Abspielen des Videos oder Films erforderlich. Dabei kann es vorkommen, dass ein Stream nach dem Anklicken nicht direkt startet, da er wegen unterschiedlicher Übertragungsraten anfänglich „gepuffert", also zwischengespeichert werden muss.[12] Es kommt somit zu einer verzögerten Wiedergabe, bei der die übrigen Daten bzw. Teile des Videos oder Films an das Endgerät des Nutzers gesendet werden.[13] Die Zwischenspeicherung der Daten im Arbeitsspeicher oder Browser-Cache ist allerdings nur temporär, denn die Teilstücke des abgerufenen Datenstroms werden von den individuellen Einstellungen des Nutzers ausgehend mit dem Schließen des Browsers oder mit dem Herunterfahren des Rechners automatisch wieder gelöscht.[14] Auch aufgrund der begrenzten Kapazität des Arbeitsspeichers bzw. des Browser-Cache sind die Zwischenspeicherungen der Daten ephemer.[15]

---

[7] *Stolz*, MMR 2013, 353, 354.
[8] *O.V.* http://www.e-recht24.de/artikel/urheberrecht/6558-kino-to-sind-streaming-filmportale-legal-oder-illegal.html (besucht am 09.04.2014).
[9] *Fangerow/Schulz*, GRUR 2010, 677, 678; *Stieper*, MMR 2012, 12, 13.
[10] *Stieper*, MMR 2012, 12, 13; *Stolz*, MMR 2013, 353 354.
[11] *Handermann*, http://praxistipps.chip.de/buffering-beschleunigen-so-gehts_3425 (besucht am 09.04.2014).
[12] *Fangerow/Schulz*, GRUR 2010, 677, 678; *Stieper*, MMR 2012, 12 13.
[13] *O.V.* http://www.e-recht24.de/artikel/urheberrecht/6558-kino-to-sind-streaming-filmportale-legal-oder-illegal.html (besucht am 09.04.2014).
[14] *Stolz*, MMR 2013, 353, 354.
[15] *Fangerow/Schulz*, GRUR 2010, 677, 678.

III. Verschiedene Streaming-Arten

Beim Streaming lassen sich im Wesentlichen zwei unterschiedliche Arten des Streaming unterscheiden: das Live-Streaming und das On-Demand-Streaming.

1. Live-Streaming

Beim Live-Streaming gibt es einen Anbieter eines Streams, der zu einem von ihm bestimmten Zeitpunkt einen Datenstrom an unterschiedlich viele Empfänger bzw. Nutzer sendet, soge-nannter Multicast.[16] Der Nutzer kann durch das Live-Streaming an den jeweiligen gestream-ten Ereignissen, wie beispielsweise der Übertragung von verschiedenen Pressekonferenzen oder der Fußball-Weltmeisterschaft bei den Sendern ARD und ZDF, so teilhaben, als würde er daheim vor dem Fernseher sitzen. Die übertragenen Daten sind beim Live-Streaming im Gegensatz zum On-Demand-Streaming noch nicht auf dem Server vorhanden, sondern der kontinuierliche Datenstrom des Anbieters wird in Echtzeit auf den Server übertragen und von selbigem in Datenpaketen an die Empfänger weitergeleitet.[17] Hierbei sind wiederum Zwi-schenspeicherungen im Endgerät des Nutzers nötig, damit technische Schwankungen ausge-glichen und eine kontinuierliche Wiedergabe garantiert werden kann.[18] Im Vergleich zum On-Demand-Streaming kann der Nutzer beim Live-Streaming den Stream jedoch nicht vor- oder zurückspulen.[19]

2. On-Demand-Streaming

Das On-Demand-Streaming zeichnet sich dadurch aus, dass die Datenübertragung vom Nutzer individuell sowie ort- und zeitunabhängig gesteuert werden kann.[20] Das heißt, der Nutzer kann sich einen Medieninhalt im Internet dann ansehen, wann es ihm möglich ist und wann er es wünscht, sogenannter Unicast.[21] Er besitzt zusätzlich die Möglichkeit, den abgerufenen Stream vor- oder zurück zu spulen oder ihn auch zu pausieren. Als Beispiele für On-Demand-Streaming gelten die Mediatheken und Online-Plattformen von verschiedenen Fernsehsendern, *YouTube* oder auch kostenlose Filmportale. Zwischenspeicherungen zur

---

[16] *Bullinger*, in: Wandtke/Bullinger, Urheberrecht, § 19a Rn. 34.
[17] *Busch*, GRUR 2011, 496, 498.
[18] *Stieper*, MMR 2012, 12, 13.
[19] *Stolz*, MMR 2013, 353, 354.
[20] *Stieper* , MMR 2012, 12, 13.
[21] *Koch*, GRUR 2010, 574.

Bewerkstelligung einer konstanten Wiedergabe des Medieninhalts werden auch bei dieser Art des Streaming vorgenommen.[22] Überdies wird beim On-Demand-Streaming zwischen dem Verfahren des progressiven Downloads und dem True-Streaming unterschieden.

a) Progressive Download

Bei dem Verfahren des progressiven Downloads werden die vom Server empfangenen Datenpakete auf dem Rechner des Empfängers gespeichert, sodass die Datei am Ende der Übertragung des Streams vollständig auf dem Rechner vorhanden ist.[23] Die sukzessiv übertragenen Daten werden entweder im Arbeitsspeicher oder auf der Festplatte des Computers zusammengesetzt abgespeichert.[24] Während des Vorgangs des Herunterladens wird mit der Wiedergabe des Medieninhalts begonnen.[25] Ungeklärt bleibt die Frage, ob die entstandene Dateikopie nur temporär oder dauerhaft auf dem Rechner bleibt. Dies ist abhängig von der Wahl der Software und den Einstellungen des Nutzers, sodass die Dateikopie nach der Wiedergabe, nach Schließen des Browsers oder nach Herunterfahren des Rechners gelöscht wird oder auch nicht.[26]

b) True-Streaming

Im Gegensatz zum progressiven Download wird beim True-Streaming als eine Form des On-Demand-Streaming keine vollständige Speicherung auf dem Rechner vorgenommen.[27] Es finden allerdings Zwischenspeicherungen von unterschiedlicher Häufigkeit und Intensität statt. Das Ausmaß der Zwischenspeicherungen beim True-Streaming hängt jedoch von der vom Nutzer eingestellten Puffergröße ab, welche in der Regel zwei bis fünf Sekunden beträgt.[28] Das bedeutet, dass die vom Server empfangenen Daten überschrieben werden, wenn die Wiedergabe dieser Daten erfolgt ist, damit neuer Speicherplatz vorhanden sein kann. Eine vollständige Dateikopie am Ende des Streaming wird somit auf dem Rechner des Nutzers weder erstellt noch gespeichert.[29]

---

[22] *Stieper,* MMR 2012, 12, 13.
[23] *Stieper,* MMR 2012, 12, 13.
[24] *Koch,* GRUR 2010, 574, 575.
[25] *Busch,* GRUR 2011, 496, 497.
[26] *Koch,* GRUR 2010, 574, 575; *Stieper,* MMR 2012, 12, 13.
[27] *Busch,* GRUR 2011, 496, 497.
[28] *Stieper,* MMR 2012, 12, 13.
[29] *Stieper,* MMR 2012, 12, 13.

C. Rechtmäßigkeit des Streaming aus urheberrechtlicher Sicht

I. Verhältnis zwischen Streaming und dem Urheberrecht

Das Streaming und das Urheberrecht hängen in der Weise zusammen, da durch das Streaming sowohl die Interessen und Rechte des Urhebers bzw. des Werkverwerters als auch die des Nutzers betroffen sind. Es stellt sich zunächst die Frage, was eigentlich gestreamt wird und ob die gestreamten Medieninhalte unter den Urheberschutz fallen. Weitere Fragen zum Verhältnis zwischen dem Streaming und dem Urheberrecht sind, welche Rechte des Urhebers bzw. Werkverwerters beim Streaming eine Rolle spielen und ob der Nutzer beim Ansehen eines Streams eine Urheberrechtsverletzung begeht.

1. Audio- und Videodateien

Bei den Medieninhalten im Internet differenziert man zwischen gestreamten Audio- und Videodateien. Zu den gestreamten Audiodateien im Internet zählen die Musik-Streaming-Dienste wie z.B. *AMPYA, Simfy* oder *Spotify*. Musik-Streaming-Dienste stellen eine Form des sogenannten Streaming Audio dar, bei dem der Nutzer über das Internet Musik auf seinem Endgerät, wie dem Computer, Tablet-PC oder dem Smartphone, hören kann. Weitere Audio-dateien sind bei gestreamten Videos, Sendungen oder Filmen vorhanden. Die Audiodateien bzw. die Musik- und Tonwerke unterstehen dem urheberrechtlichen Schutz für Werke der Musik gemäß § 2 I Nr. 2 UrhG.

Im Internet gestreamte Videos, Sendungen oder Filme sind Videodateien, welche nach dem Urheberrecht entweder als Filmwerke gemäß § 2 I Nr. 6 UrhG oder als Laufbilder nach § 95 UrhG geschützt sind. So unterliegen gestreamte Spielfilme in einem kostenlosen Videoportal wie z.B. *MyVideo* dem Urheberschutz des Filmwerkes, während eine gestreamte Live-Sendung den Schutz der Laufbilder genießt.[30]

2. Betroffene Rechte des Werkverwerters beim Streaming

Bei der Frage, welche Rechte des Werkverwerters beim Streaming betroffen sind, muss zuerst zwischen dem eigentlichen Urheber eines Werkes und dem Werkverwerter unterschieden

---

[30] *Schulze*, in: Dreier/Schulze, Urheberrechtsgesetz, § 95 Rn. 6-11.

werden, denn diese können verschiedene Personen sein. So kann beispielsweise der Urheber eines Werkes seine Verwertungsrechte nicht aus der Hand geben und selbst über sie verfügen oder er kann sie auf einen Werkverwerter per Nutzungsrechte übertragen. Beim Streaming ist der Werkverwerter in diesem Fall ein Streaming-Anbieter, dem jedoch für seine Tätigkeit bestimmte Verwertungsrechte vom Urheber übertragen werden müssen, da er sonst als unrechtmäßiger Streaming-Anbieter agieren würde.

a) Senderecht, § 20 UrhG

Das Senderecht ist das Recht, das Werk durch Funk, wie Ton-und Fernsehrundfunk, Satellitenrundfunk, Kabelfunk oder ähnliche technische Mittel, der Öffentlichkeit zugänglich zu machen. Hierbei wird das Werk, z.B. ein Spielfilm, in unkörperlicher Form öffentlich wiedergeben. Das Senderecht lässt sich dem Recht der öffentlichen Wiedergabe nach § 15 II Nr. 3 UrhG zuordnen. Des Weiteren ist das gleichzeitige Empfangen und Wiedergeben der Audio- und Videodaten auf Seiten des Nutzers charakteristisch für das Senderecht,[31] weshalb es beim Live-Streaming, der Übertragung und dem Abspielen der Daten in Echtzeit, von besonderer Bedeutung ist. Das Live-Streaming über das Internet stellt beim Senderecht das Zugänglichmachen des Werkes nicht durch eine Funksendung, sondern durch „ähnliche technische Mittel" dar.[32] Um deshalb beispielsweise Filmwerke per Live-Streaming über das Internet ausstrahlen zu können, ist auf Seiten des Werkverwerters das Senderecht erforderlich. Soll jedoch das Werk dem Nutzer zu Zeiten seiner Wahl zugänglich gemacht werden, also im Wege des On-Demand-Streaming, handelt es sich um das Recht der öffentlichen Zugänglichmachung gemäß § 19a UrhG.

b) Recht der öffentlichen Zugänglichmachung, § 19a UrhG

Das Recht der öffentlichen Zugänglichmachung ist das Recht, das Werk drahtgebunden oder drahtlos der Öffentlichkeit in einer Weise zugänglich zu machen, dass es Mitgliedern der Öffentlichkeit von Orten und zu Zeiten ihrer Wahl zugänglich ist. Auch dieses Recht zählt zum Recht der öffentlichen Wiedergabe gemäß § 15 II Nr. 2 UrhG. Es erfolgt wiederum eine Wiedergabe des Werkes in unkörperlicher Form[33], jedoch besteht der Unterschied zum Senderecht darin, dass das Werk nicht von dem Nutzer zu einem bestimmten Zeitpunkt (live)

---

[31] *Dreier*, in: Dreier/Schulze, Urheberrechtsgesetz, § 20 Rn. 1.
[32] *v. Ungern-Sternberg*, in: Schricker/Loewenheim, Urheberrecht, § 20 Rn. 45.
[33] *v. Ungern-Sternberg*, in: Schricker/Loewenheim, Urheberrecht, § 19a Rn. 1.

angeschaut oder angehört wird, sondern er es von einem beliebigen Ort und zu einer Zeit seiner Wahl abrufen kann.[34] Das Entscheidende bei diesem Recht ist, dass der Nutzer selbst den Zeitpunkt des Abrufs des Werkes bestimmt.[35] Das Recht der öffentlichen Zugänglichmachung spielt somit eine wichtige Rolle beim On-Demand-Streaming bzw. es ist für On-Demand-Dienste im Internet bedeutsam. Voraussetzung für das öffentliche Zugänglichmachen ist, dass Dritten der Zugriff auf das sich in der Zugriffsphäre des Anbieters befindende geschützte Werk gegeben wird.[36] Das öffentliche Zugänglichmachen im Rahmen des Streaming kann beispielsweise darin bestehen, dass der Werkverwerter das Werk in einen On-Demand-Dienst wie einer Mediathek hoch lädt. Das Ablegen des geschützten Werkes auf einen Server im Wege der öffentlichen Zugänglichmachung stellt dessen ungeachtet einen Akt der Vervielfältigung nach § 16 UrhG dar.[37]

c) Vervielfältigungsrecht, § 16 UrhG

Das Vervielfältigungsrecht ist das Recht, Vervielfältigungsstücke eines Werkes herzustellen, gleichviel ob vorübergehend oder dauerhaft, in welchem Verfahren und in welcher Zahll. Unter dem Begriff der Vervielfältigung ist dabei jede körperliche Festlegung des Werkes zu verstehen, die geeignet ist, das Werk den menschlichen Sinnen auf irgendeine Weise unmittelbar oder mittelbar wahrnehmbar zu machen.[38] Von Bedeutung ist dabei die körperliche Vervielfältigung des Werkes, die z.B. entweder beim Speichern auf der Festplatte eines Rechners oder im Arbeitsspeicher bzw. im Browser-Cache, beim Hochladen des Werkes auf einen Server oder bei jeder anderen Form der Digitalisierung des Werkes vorkommt.[39] Für den Werkverwerter, Streaming-Anbieter, heißt das, dass er im Wege des On-Demand-Streaming das Werk körperlich festlegen bzw. das Vervielfältigungsrecht vom Urheber einholen muss, um es der Öffentlichkeit zugänglich zu machen, denn er lädt das Werk z.B. auf einen Server oder eine Webseite hoch, von dem der Nutzer es zu einer Zeit seiner Wahl abrufen kann.[40]

Im Gegensatz zum On-Demand-Streaming hat der Werkverwerter, Streaming-Anbieter, beim Live-Streaming eine Vervielfältigung des Werkes nicht vorzunehmen.[41] Von den live gestreamten Audio- und Videodateien wird üblicherweise keine körperliche Kopie angefertigt.

[34] *Dreyer*, in: Dreyer/Kotthoff/Meckel, Urheberrecht, § 19a Rn. 21.
[35] *Heckmann*, PraxisKommentar Internetrecht, S. 165.
[36] *Götting*, in: Beck' scher Online-Kommentar, Urheberrecht, Stand: 01.02.2014, § 19a Rn. 3.
[37] *Dreier*, in: Dreier/Schulze, Urheberrechtsgesetz, § 19a Rn. 1.
[38] *Wiebe*, in: Spindler/Schuster, Recht der elektronischen Medien, § 16 UrhG Rn. 3.
[39] *Schulze*, in: Dreier/Schulze, Urheberrechtsgesetz, § 16 Rn. 6-15.
[40] *Dreier*, in: Dreier/Schulze, § 19a Rn. 1.
[41] *Büscher/Müller*, GRUR 2009, 558, 559.

Anders als beim Hochladen und Ablegen des Werkes auf einen Server im Rahmen des On-Demand-Streaming ist beim Live-Streaming eine Vervielfältigung nicht Voraussetzung, da die Daten in Echtzeit vom Streaming-Anbieter in einem konstanten Datenstrom auf den Server geladen werden und von dort gleichzeitig vom Nutzer auf seinem Endgerät empfangen werden.[42] Demnach reicht es für den Werkverwerter aus, wenn er beim Live-Streaming das erforderliche Senderecht erworben hat.[43]

Fraglich ist jedoch, ob der Nutzer beim Ansehen eines Streams im Internet eine Urheberrechtsverletzung begeht. Zur Klärung dieser Frage ist die Prüfung eines Eingriffs in das Vervielfältigungsrecht erforderlich.

II. Problematik der Vervielfältigung beim Streaming

Das oben dargestellte Vervielfältigungsrecht nach § 16 UrhG spielt auch bei der Frage nach dem Begehen einer Urheberrechtsverletzung durch den Nutzer beim Anschauen eines Streams[44] im Internet eine Rolle. Es stellt sich zunächst die Rechtsfrage, ob beim Streaming durch den Nutzer eine Vervielfältigung des geschützten Werkes entsteht, die gegen das Vervielfältigungsrecht nach § 16 UrhG verstößt.

1. Eingriff in das Vervielfältigungsrecht – Zwischenspeicherungen als körperliche Vervielfältigungen

Beim Streaming betrachtet der Nutzer den Stream auf seinem Endgerät, meist auf dem Bildschirm seines Computers. Das reine Anschauen hängt allerdings nicht mit dem Vervielfältigungsrecht zusammen, denn die Wiedergabe auf einem Bildschirm ist ein rezeptiver Genuss des Werkes und stellt keine körperliche Festlegung dar,[45] die für einen Eingriff in das Vervielfältigungsrecht Voraussetzung ist. Es erfolgt lediglich eine unkörperliche Wiedergabe des in digitaler Form existierenden Werkes.[46] Daher ist das Ansehen des Streams durch den Nutzer keine relevante urheberrechtliche Verwertungshandlung.

---

[42] Siehe Ausführungen auf S. 13.
[43] *Büscher/Müller*, GRUR 2009, 558, 560.
[44] In den folgenden Ausführungen ist mit Streaming das Ansehen eines Videostreams auf dem Computer gemeint.
[45] *Dreyer*, in: Dreyer/Kotthoff/Meckel, Urheberrecht, § 16 Rn. 17; *Loewenheim*, in: Schricker/Loewenheim, Urheberrecht, § 16 Rn. 5.
[46] *Loewenheim*, in: Schricker/Loewenheim, § 16 Rn. 19.

Dennoch laufen beim Streaming technische Abläufe ab, die über das bloße Betrachten des Streams hinausgehen[47] und für die Frage nach der Vervielfältigung des geschützten Werkes von Bedeutung sind. Die Rede ist von den beim Streaming stattfindenden Zwischenspeicherungen der Medieninhalte. Das Streaming verursacht Zwischenspeicherungen der Daten auf der Festplatte des Rechners oder im Arbeitsspeicher bzw. im Browser-Cache. Fraglich ist, ob diese beim Streaming entstehenden Zwischenspeicherungen eine Vervielfältigung nach § 16 UrhG darstellen.

Eine Vervielfältigung ist eine körperliche Festlegung des geschützten Werkes, die geeignet ist, das Werk den menschlichen Sinnen auf irgendeine Weise unmittelbar oder mittelbar wahrnehmbar zu machen.[48] Um von einer Vervielfältigung sprechen zu können, muss es sich bei den im Rahmen des Streaming entstehenden Zwischenspeicherungen der Daten um eine körperliche Festlegung des geschützten Werkes handeln.

Diese erscheint zunächst fragwürdig, denn eine Vervielfältigung beim Streaming ist in erster Linie nicht so offensichtlich, wie z.B. beim Vervielfältigen eines Buches oder einer DVD, bei der man ein sichtbares Zweitexemplar erhält. Es ist jedoch bei der Vervielfältigung unerheblich, auf was für einem Werkträger sich das Werk bzw. beim Streaming die Daten befinden.[49]

Im Falle des Streaming sind die vom Server empfangenen, zwischengespeicherten und so gut wie unsichtbaren Daten auf der Festplatte oder im Arbeitsspeicher des Rechners bzw. im Browser-Cache vorhanden, welche somit als Werkträger fungieren. Die Daten des Streams werden dort folglich durch die Zwischenspeicherungen körperlich festgelegt. Durch eine Abspieltechnik und häufig mit Hilfe einer Software können die zwischengespeicherten Daten auf dem Bildschirm sichtbar gemacht bzw. mit den menschlichen Sinnen wahrgenommen werden. Für die Wiedergabe und Darstellung des Streams auf dem Bildschirm ist demnach eine kurzfristige körperliche Festlegung erforderlich.

Da die Daten beim Streaming demzufolge entweder auf der Festplatte oder im Arbeitsspeicher des Rechners bzw. im Browser-Cache gespeichert werden, werden sie dort körperlich festgelegt und können vom Menschen durch den technischen Prozess der Wiedergabe wahrgenommen werden, weshalb sie als Vervielfältigung angesehen werden können.[50]

---

[47] Siehe Ausführungen auf S. 11.
[48] *Schulze*, in: Dreier/Schulze, Urheberrechtsgesetz, § 16 Rn. 6.
[49] *Schulze*, in: Dreier/Schulze, Urheberrechtsgesetz, § 16 Rn. 7.
[50] *Fangerow/Schulz,* GRUR 2010, 677, 678; *Schulze*, in: Dreier/Schulze, § 16 Rn. 7.

Dieser Feststellung könnte jedoch entgegen gehalten werden, dass die körperlichen Festlegungen bzw. Zwischenspeicherungen beim Streaming nur temporär und von kurzer Dauer sind, denn sie werden beim Vorgang des Streaming entweder mit Schließen des Browsers oder mit Herunterfahren des Rechners automatisch gelöscht, je nach der individuellen Einstellung des Nutzers. Das Vervielfältigungsrecht könnte demnach nicht betroffen sein.

Dem steht jedoch der Wortlaut des § 16 UrhG entgegen, denn es kommt nicht darauf an, ob die Vervielfältigung der Daten vorübergehend oder von Dauer ist.[51] Gemäß § 16 I UrhG ist das Vervielfältigungsrecht dann betroffen, wenn Vervielfältigungsstücke eines Werkes hergestellt werden, gleichviel ob diese vorübergehend oder dauerhaft erstellt werden. Auch wurde im Wege der Umsetzung der EU-Richtlinie zur Informationsgesellschaft im Gesetzestext verdeutlicht, dass es nicht auf die Dauerhaftigkeit der Vervielfältigung ankommt.[52] Des Weiteren hat das *Amtsgericht Leipzig* in seinem vielbeachteten Strafurteil in Sachen *kino.to* ausgeführt, dass beim Streaming die über das Internet empfangenen Daten auf dem Rechner zwischengespeichert werden, um eine flüssige Wiedergabe auf dem Bildschirm des Nutzers ausgeben zu können. § 16 UrhG stellt zudem klar, dass auch vorübergehend erstellte Vervielfältigungsstücke dem Urheberrechtsschutz unterfallen.[53]

Auch der *Europäische Gerichtshof* hat in der Rechtssache *Football Association Premier League und Murphy* geurteilt, dass sich das Vervielfältigungsrecht auf flüchtige Fragmente der Werke im Speicher eines Satellitendecoders und auf einem Fernsehbildschirm erstreckt, sofern diese Fragmente Elemente enthalten, die die eigene geistige Schöpfung der betreffenden Urheber zum Ausdruck bringen.[54] Infolgedessen stellen kurzfristige körperliche Fixierungen, wie die Zwischenspeicherungen von den empfangenen Daten eines Streams auf der Festplatte oder im Arbeitsspeicher eines Rechners bzw. Browser-Cache, eine Vervielfältigung im Sinne von § 16 UrhG dar.[55]

2. Urheberrechtlicher Schutz der zwischengespeicherten Daten

Problematisch kann dagegen sein, dass die Zwischenspeicherungen nicht das vollständig geschützte Werk, sondern nur separate Teile des Werkes bzw. der durchgeleiteten Daten beinhalten. Beim Streaming werden, mit Ausnahme des progressiven Downloads, die emp-

---

[51] So auch *Stolz,* MMR 2013, 353, 354.
[52] *Schulze,* in: Dreier/Schulze, Urheberrechtsgesetz, § 16 Rn. 12.
[53] *AG Leipzig,* 21.12.2011 – 200 Ls 390 Js 184/11.
[54] *EuGH,* NJW 2012, 213.
[55] *Dreyer,* in: Dreyer/Kotthoff/Meckel, Urheberrecht, § 16 Rn. 11.

fangenen Datenpakete einzeln zwischengespeichert und in der Regel nach der Wiedergabe wieder gelöscht. Eine Vervielfältigung nach § 16 UrhG betrifft aber nicht nur das gesamte Werk, sondern auch einzelne Teile des Werkes.[56] Eine Urheberrechtsverletzung kommt jedoch nur in Betracht, wenn der vervielfältigte Teil des Werkes urheberrechtlich geschützt ist.[57] Hinsichtlich des Streaming stellt sich damit die Rechtsfrage, ob die zwischengespeicherten Teile des Werkes bzw. die Datenfragmente urheberrechtlich geschützt sind und ob aufgrund der Zwischenspeicherungen dieser Werkteile eine Vervielfältigung vorliegt.

In dieser Frage sind die Meinungen in der juristischen Literatur differenziert. Einige Stimmen wenden ein, dass die einzelnen Zwischenspeicherungen beim Streaming auf dem Rechner nur eine Kopie kleiner Werkteile bewirken und diese weder eine vollständige Werkkopie entstehen lassen noch urheberrechtlichen Schutz genießen.[58] Hierzu lässt sich sagen, dass die zwischengespeicherten und in der Regel nach der Wiedergabe gelöschten Sequenzen des Werkes richtigerweise beim gewöhnlichen Streaming[59] kein komplettes Werkexemplar abbilden. Nach dem Vorgang des Streaming ist keine vollständige Kopie des Werkes auf dem Rechner des Nutzers vorhanden. Die einzelnen Zwischenspeicherungen werden nicht zusammengesetzt und ergeben kein zweites, vervollständigtes, dauerhaft existierendes Werkexemplar.

Im Hinblick auf den urheberrechtlichen Schutz der zwischengespeicherten Datenfragmente muss jedoch eine differenzierte Betrachtung stattfinden. Wie bereits erwähnt, kann sich eine Vervielfältigung auch auf einzelne Teile eines Werkes beschränken. Derartige Teilvervielfältigungen fallen auch unter das Vervielfältigungsrecht nach § 16 UrhG. Der jeweilige Werkteil, beim Streaming das betroffene zwischengespeicherte Datenpaket, muss jedoch schutzfähig sein, damit das Vervielfältigungsrecht einschlägig ist und eine Urheberrechtsverletzung durch den Nutzer bestehen könnte. Dies ist der Fall, wenn die zwischengespeicherten Daten, welche aus kurzen Ton- und Filmsequenzen bestehen, Werkqualität besitzen, insbesondere die notwendige Schöpfungshöhe nach § 2 II UrhG aufweisen.

§ 2 II UrhG besagt, dass es sich nur um Werke im Sinne des Urhebergesetzes handelt, wenn diese eine persönliche geistige Schöpfung sind. *Loewenheim* unterscheidet vier Elemente des Werkbegriffs: die persönliche Schöpfung, den geistigen Gehalt, die wahrnehmbare Formge-

---

[56] *Schulze*, in: Dreier/Schulze, Urheberrechtsgesetz, § 16 Rn. 9.
[57] *Loewenheim*, in: Schricker/Loewenheim, Urheberrecht, § 16 Rn. 14.
[58] *Koch*, GRUR 2010, 574 577; *Stieper*, MMR 2012, 12, 14.
[59] Außer bei der Form des progressiven Downloads, siehe Ausführungen auf S. 14.

staltung und die in der Schöpfung zum Ausdruck kommende Individualität des Urhebers, auch Gestaltungs- oder Schöpfungshöhe genannt.[60] All diese Elemente oder auch Schutzvoraussetzungen müssen gegeben sein, damit ein Werk im Sinne des Urheberrechts vorliegt und Urheberschutz entstehen kann. Besonders die Schöpfungshöhe, die den Grad der Individualität des Urhebers darstellt, ist das zentrale Kriterium bei der Frage, ob es sich um ein Werk handelt. Ob jetzt beim Streaming jedoch die aus kurzen Ton- und Filmsequenzen zwischengespeicherten Datenfragmente Werkqualität aufweisen, ist sehr strittig und unterschiedlich zu bewerten.

Es kommt vor allem auf den gestreamten Inhalt an, der in kurzen Sequenzen zwischengespeichert wird.[61] Eindeutig urheberrechtlich geschützt und Schöpfungshöhe aufweisend ist ein Spielfilm, den sich ein Nutzer im Wege des Streaming anschaut. So kann ein hiervon zwischengespeichertes Datenfragment bzw. ein Teil des Werkes von etwa einer Minute oder möglicherweise einigen Sekunden urheberrechtlichen Schutz besitzen und die beim Streaming stattfindenden Zwischenspeicherungen können demzufolge als ein Eingriff in das Vervielfältigungsrecht angesehen werden.

Anders ist dies z.B. beim Live-Streaming eines Fußballspiels. Der *Europäische Gerichtshof* hat in dem Fall der *Football Association Premier League und Murphy* klargestellt, dass ein übertragenes Fußballspiel kein Werk ist sowie nicht als geistige Schöpfung angesehen werden kann und demnach keinen urheberechtlichen Schutz genießt. Dagegen sind die mit der Übertragung des Fußballspiels verbundene Auftaktvideosequenz und andere zuvor aufgezeichnete Teile urheberrechtlich geschützt.[62] Somit bleibt hinsichtlich des Streaming zweifelhaft, ob von der Live-Übertragung des Fußballspiels zwischengespeicherte Datenfragmente urheberrechtlich geschützt sind. Es lässt sich schließlich schwer einschätzen, ob eine zwischengespeicherte Sequenz, die z.B. einen Teil der geschützten Auftaktvideosequenz sowie einen Teil des ungeschützten Fußballspiels zum Inhalt hat, insgesamt dem Urheberschutz unterfällt und als Zwischenspeicherung eine Teilvervielfältigung verkörpert.

Einem stundenlangen Live-Stream einer Webcam wiederum, der z.B. das aktuelle Wetter in einer Stadt abbildet und wiedergibt, fehlt es dagegen eindeutig an der Werkqualität und der Schöpfungshöhe im Sinne von § 2 II UrhG.

---

[60] *Loewenheim*, in: Schricker/Loewenheim, Urheberrecht, § 2 Rn. 8 ff.
[61] *Busch*, GRUR 2011, 496, 499.
[62] *EuGH*, NJW 2012, 213.

Welcher Teil eines Streams somit schutzwürdig ist, kann nicht allgemein bestimmt werden. Es kommt auf das gestreamte Werk bzw. den gezeigten Inhalt an und welche Teile dieses Werkes durch die Zwischenspeicherungen vervielfältigt werden.[63] Letztendlich ist auf den jeweiligen Einzelfall abzustellen und zu klären, ob die zwischengespeicherte Sequenz schutzfähig ist, d.h. im Sinne von § 2 II UrhG einen schöpferischen Inhalt und Werkqualität aufweist. Allerdings ist dies fast unmöglich festzustellen, da die zwischengespeicherten Sequenzen temporär sind und nach dem technischen Verfahren des Streaming gelöscht werden. Unterfällt der zwischengespeicherte Werkteil jedoch dem Urheberschutz, dann entsteht durch die Zwischenspeicherung eine Teilvervielfältigung und § 16 UrhG ist betroffen. Wenn es dem gestreamten Inhalt aber an der Werkqualität fehlt, kann ein Eingriff in das Vervielfältigungsrecht dennoch in der Regel bejaht werden, denn selbst kleinste Sequenzen von Bildern oder Tonfetzen können durch verwandte Schutzrechte, wie z.B. den Leistungsschutzrechten der Tonträger- und Filmhersteller, geschützt sein[64], sodass der Nutzer beim Streaming aufgrund der Zwischenspeicherungen der Daten eine relevante Verwertungshandlung vornimmt.[65]

III. Zwischenergebnis

Der Zusammenhang zwischen dem Streaming von Audio- und Videodateien im Internet und dem Urheberrecht besteht darin, dass einerseits durch das Streamen von Medieninhalten verschiedene Rechte des Urhebers bzw. des Werkverwerters betroffen sind und andererseits der Nutzer infolge des Streaming leicht eine Verletzung des Vervielfältigungsrechts begeht. Aufgrund der technischen Abläufe beim Streaming entstehen auf der Festplatte oder im Arbeitsspeicher des Nutzerrechners bzw. im Browser-Cache temporäre Zwischenspeicherungen, sogenannte körperliche Festlegungen des gestreamten Werkes, die einen Eingriff in das Vervielfältigungsrecht nach § 16 UrhG darstellen. Dass diese Zwischenspeicherungen nur von kurzfristiger Natur sind und keine vollständige Kopie des Werkexemplars geschaffen wird, ist für den Eingriff in das Vervielfältigungsrecht nicht von Belang. Maßgeblich ist allerdings der gestreamte Medieninhalt durch den Nutzer. Ist dieser urheberrechtlich geschützt, wovon in der Regel auszugehen ist, dann entsteht auf Nutzerseite aufgrund der

---

[63] *Busch,* GRUR 2011, 496, 499.
[64] *Stieper,* MMR 2012, 12, 14.
[65] *Stolz,* MMR 2013, 353, 355.

Zwischenspeicherungen eine Verletzung des Vervielfältigungsrechts. Bei der genauen Beurteilung des urheberrechtlichen Schutzes der Datenfragmente ist auf den jeweiligen Einzelfall abzustellen. Wird die für den Urheberschutz erforderliche Werkqualität nicht erreicht, kann dessen ungeachtet auf den Urheberschutz der verwandten Schutzrechte verwiesen werden.

Wenn also ein schutzfähiger Medieninhalt betroffen ist, dann stellt das Streaming auf Nutzerseite eine Verletzung des Vervielfältigungsrechts dar. Diese Verletzung könnte jedoch womöglich durch eine Schrankenregelung im Urheberrechtsgesetz gerechtfertigt sein.

D. Schrankenregelungen zur Rechtfertigung der Vervielfältigungen beim Streaming

Die beim Streaming entstehenden Zwischenspeicherungen der Datenfragmente greifen in das Vervielfältigungsrecht ein, sie könnten aber durch eine Schranke des Urheberrechts gedeckt sein.

Das Urheberrecht enthält im 6. Abschnitt Schrankenbestimmungen, deren Sinn und Zweck darin bestehen, einen Interessenausgleich zwischen dem Urheber bzw. dem Rechteinhaber und der Allgemeinheit bzw. dem Nutzer herzustellen.[66] Auf der einen Seite liegt das Interesse des Urhebers in der Regel darin, sein geschaffenes Werk zu schützen, es wirtschaftlich zu verwerten und eine angemessene Vergütung für die Nutzung des Werkes zu erhalten. Auf der anderen Seite ist für den Nutzer von Belang, dass er Zugang zum Werk erhält und es nutzen darf. Die Schrankenregelungen sollen diesem Umstand Rechnung tragen. Sie sind auf die nach § 2 UrhG geschützten Werke und auf die verwandten Schutzrechte anzuwenden.

Bei der Rechtfertigung der beim Streaming durch die Zwischenspeicherungen der Datenfragmente hervorgerufenen Vervielfältigungen kommen die Schrankenbestimmungen der §§ 53, 44a UrhG in Betracht. Maßgeblich für die Rechtmäßigkeit des Streaming ist somit die Frage, ob die Vervielfältigungen auf Nutzerseite von einer Schranke des Urheberrechts gedeckt und deswegen urheberrechtlich zulässig sind.

I. Vervielfältigungen zum privaten und sonstigen eigenen Gebrauch, § 53 UrhG

Die Schrankenregelung des § 53 UrhG sieht vor, dass einzelne Vervielfältigungen eines urheberrechtlich geschützten Werkes durch eine natürliche Person zum privaten Gebrauch auf beliebigen Trägern zulässig sind, sofern die Vervielfältigungen weder unmittelbar noch mittelbar Erwerbszwecken dienen und soweit nicht eine offensichtlich rechtswidrig herge-stellte oder öffentlich zugänglich gemachte Vorlage verwendet wurde.

Der § 53 UrhG wird auch als Privatkopierschranke oder als „Recht auf Privatkopie" bezeich-net,[67] denn die Bestimmungen schränken das Vervielfältigungsrecht des Urhebers ein, sodass

---

[66] *Dreier*, in: Dreier/Schulze, Urheberrechtsgesetz, Vor § 44a Rn. 1.
[67] *Feldmann*, in: Heise Online-Recht, Kapitel II. Urheber-, Geschmacksmuster- und Äußerungsrecht, Vervielfäl-tigungen zum privaten oder sonstigen Gebrauch: Die Privatkopie; *Stolz*, MMR 2013, 353, 355.

es der Allgemeinheit unter bestimmten Voraussetzungen erlaubt ist, Vervielfältigungen eines Werkes zum privaten oder sonstigen eigenen Gebrauch ohne Zustimmung des Urhebers anzufertigen. Der Sinn und Zweck dieser Vorschrift liegt unter anderem wegen der Sozialbindung des geistigen Eigentums[68] darin, dass es neben der Allgemeinheit auch Personen mit geringen finanziellen Mitteln möglich sein soll, ohne den Kauf des Originalwerkes, sondern mit der Berechtigung eine Kopie erstellen zu dürfen, am kulturellen Leben teilnehmen zu können.[69] Außerdem wird durch die Vorschrift berücksichtigt, dass ein Verbot der Privatkopie, unerheblich auf welchem Werkträger und ob auf analogem oder digitalem Wege, in der Praxis nicht durchsetzbar ist.[70] Der Urheber mit seinen wirtschaftlichen Interessen an der Verwertung erhält als eine Art Ausgleich eine Pauschalvergütung für Geräte und Speichermedien nach den §§ 54-54h UrhG, durch die er für die Werknutzung entschädigt werden soll.[71]

1. Anwendung von § 53 I UrhG beim Streaming

§ 53 UrhG kann im Wege des Streaming als Schrankenregelung zur Rechtfertigung der Vervielfältigungen aufgrund der zwischengespeicherten Datenfragmente greifen. Es kommt vor allem § 53 I UrhG in Betracht. Der Nutzer als natürliche Person sieht sich einen Stream in der Regel zum privaten Gebrauch oder Vergnügen an. Es entstehen dabei durch die für den technischen Ablauf des Streams notwendigen Zwischenspeicherungen einzelne Vervielfältigungsdaten des Films oder Videos auf der Festplatte oder im Arbeitsspeicher des Rechners bzw. im Browser-Cache, welche als beliebige Träger im Sinne der Norm von § 53 I UrhG angesehen werden können. Die anfallenden Vervielfältigungen durch die Zwischenspeicherungen der Datenfragmente dienen dem Nutzer jedoch nicht zu einem Erwerbszweck. Vielmehr sind die einzelnen Vervielfältigungen der Datenfragmente für den Gebrauch im privaten und nicht etwa im beruflichen oder geschäftlichen Bereich bestimmt. Das heißt, der Nutzer gebraucht die einzelnen Vervielfältigungsstücke des Streams nur, um ihn sich persönlich anschauen zu können. Es ist daher auch recht wahrscheinlich, dass der durchschnittliche

---

[68] Im Interesse der Allgemeinheit sollen Informationen kultureller Art verbreitet bzw. vervielfältigt werden können und nicht von der alleinigen Zustimmung des Urhebers abhängig sein. Dafür müssen Vervielfältigungsvorgänge vorgenommen werden. Aus diesem Grund unterliegen die Rechte des Urhebers der Sozialbindung des Eigentums – *Melichar*, in: Schricker/Loewenheim, Urheberrecht, Vor § 44a Rn. 1, § 53 Rn. 1.
[69] *Raue/Hegemann*, in: Hoeren/Sieber/Holznagel, Multimedia-Recht, Urheberrechtliche Schranken bei Online-Veröffentlichungen, Rn.148.
[70] *Luft*, in: Wandtke/Bullinger, Urheberrecht, § 53 Rn. 1.
[71] Diese Pauschalvergütung wird auch Geräteabgabe genannt.

Nutzer von den Zwischenspeicherungen während des Streaming Vorgangs nicht einmal etwas bemerkt und auch nicht die Möglichkeit besitzt, die einzeln zwischengespeicherten Film- und Videosequenzen in irgendeiner Weise zu verwerten. Eine kommerzielle oder gewerbliche Verwendung scheidet demnach aus, denn der reine Werkgenuss steht im Vordergrund.

2. Nicht offensichtlich rechtswidrig hergestellte oder öffentlich zugänglich gemachte Vorlage

Die letzte Voraussetzung die erfüllt sein muss, damit die Schranke des § 53 I UrhG für den Streaming Nutzer greift, besteht darin, dass im Wege des Vervielfältigungsvorgangs nicht eine offensichtlich rechtswidrig hergestellte oder öffentlich zugänglich gemachte Vorlage verwendet werden darf. Dieses Tatbestandsmerkmal von der Schrankenbestimmung des § 53 I UrhG bedarf einer intensiveren Betrachtung.

a) Rechtswidrigkeit der Vorlage

Die Schrankenregelung der Privatkopie gestattet, Vervielfältigungen zu erstellen, soweit keine rechtswidrig hergestellte oder öffentlich zugänglich gemachte Vorlage für die Vervielfältigung eines Werkes verwendet wird. Dies bedeutet, dass es erlaubt ist, sich eine Kopie eines Werkes anzufertigen, jedoch nur, wenn die Kopiervorlage nicht rechtswidrig ist. Dabei wird die Frage aufgeworfen, ob nur das ursprüngliche Original des Werkes oder auch die jeweilige Kopiervorlage als rechtmäßige Vorlage in Betracht kommt. Es ist jedoch davon auszugehen, dass auch eine früher rechtmäßig erstellte Kopie von einem Original des Werkes als zulässige Vorlage für eine neue Vervielfältigung genutzt werden kann, da dies sonst der Norm zuwiderlaufen würde. Der Beteiligungsgrundsatz spricht ebenfalls dafür, denn der Urheber bzw. Rechteinhaber erhält einen Ausgleich in Form der Geräte- und Speichermedienabgabe.

Fraglich ist daher, wann eine zur Vervielfältigung benutzte Vorlage Rechtswidrigkeit aufweist. Grundsätzlich kann auf die Rechtswidrigkeit einer Vorlage abgestellt werden, wenn die Herstellung oder die öffentliche Zugänglichmachung die Rechte des Urhebers oder eines sonstigen Berechtigten, insbesondere das Vervielfältigungsrecht und das Recht der öffentlichen Zugänglichmachung, verletzt.[72] Die Rechtswidrigkeit ist dann zu bejahen, wenn beispielsweise gegen vertragliche Vereinbarungen oder gesetzliche Bestimmungen und Vorschriften bzw. gegen die Rechtsordnung verstoßen wird.

---

[72] *Fangerow/Schulz,* GRUR 2010, 677, 679.

In Bezug auf das Streaming ist somit die Rechtswidrigkeit vorhanden, wenn es sich um einen Stream handelt, der auf einer rechtswidrig hergestellten Vorlage basiert oder der nicht mit der Zustimmung des Rechteinhabers im Internet öffentlich zugänglich gemacht worden ist. Dies heißt wiederum, dass die Privatkopierschranke des § 53 I UrhG beim Streaming nur zugunsten des Nutzers greifen kann, wenn der jeweilige Stream rechtmäßig ist, also nicht die Rechte des Rechteinhabers verletzt und legitim im Internet öffentlich zugänglich gemacht worden ist. Der Stream muss sozusagen aus einer legalen Quelle stammen. Dies trifft für viele der im Internet verfügbaren Streams und Streaming Angebote zu, allerdings nicht für alle. Als Beispiel für rechtswidrig öffentlich zugänglich gemachte Streams, die auf einer rechtswidrig hergestellten Vorlage beruhen, können die Streaming Portale *movie4k.to* oder *kino.to* bzw. die Nachfolgeseite *kinox.to* angeführt werden. Auf diesen Internetseiten werden mit Hilfe eines Netzwerks aus Sharehostern aktuelle Kinofilme und Fernsehserien, häufig in mangelhafter Qualität, zum Streaming angeboten. Die zur Verfügung gestellten Streams stammen oftmals aus einer rechtswidrig hergestellten Vorlage (Raubkopie) oder die dortigen Medieninhalte wurden mitgeschnitten bzw. aufgenommen und auf diesen Internetseiten hochgeladen, d.h. rechtswidrig öffentlich zugänglich gemacht. In solchen Fällen ist bzw. sollte für den Nutzer auch die Offensichtlichkeit der rechtswidrig öffentlich zugänglich gemachten Quelle einfach zu erkennen sein, denn die kostenlos angebotenen Streams von Kinofilmen und Serien, die insbesondere vor einer Veröffentlichung auf DVD auf diesen Seiten vorhanden sind, sind ohne Zustimmung des Rechteinhabers öffentlich zugänglich gemacht worden. In derartigen Fällen können die im Rahmen des Streaming entstehenden einzelnen Vervielfältigungen der geschützten Datenfragmente nicht durch die Schrankenregelung des § 53 I UrhG gerechtfertigt werden, denn die Medieninhalte werden unrechtmäßigerweise angeboten, was für den Nutzer und die Allgemeinheit überwiegend offensichtlich ist. Die Offensichtlichkeit der Rechtswidrigkeit ist bei diesem Tatbestandsmerkmal des § 53 I UrhG für die Anwendung der Schrankenregelung von weiterer Bedeutung.

b) Offensichtlichkeit der Rechtswidrigkeit

Die Vorlage zur Vervielfältigung eines Werkes darf ferner nicht offensichtlich rechtswidrig hergestellt oder öffentlich zugänglich gemacht worden sein. Damit also die Schrankenregelung von § 53 I UrhG greifen kann, muss demzufolge die Rechtswidrigkeit der zur Vervielfältigung des Werkes benutzten Vorlage für den Nutzer offensichtlich sein, damit erkennbar ist, dass es sich um eine nicht rechtmäßig hergestellte oder öffentlich zugänglich gemachte Vorlage handelt, von der keine Vervielfältigung erstellt werden darf.

Die Auslegung des Rechtsbegriffs der „offensichtlichen Rechtswidrigkeit" ist bezüglich des Streaming im Internet jedoch problemträchtig.

Es kann an erster Stelle die auf den Wortsinn abstellende Auslegung herangezogen werden. So kann auf die Frage „was ist offensichtlich rechtswidrig" entgegnet werden, dass „offensichtlich" in diesem Zusammenhang bedeutet, dass es für jedermann klar und eindeutig sichtbar ist, dass die Vorlage für die Vervielfältigung rechtswidrig, d.h. illegal bzw. nicht zulässig, ist.[73] Geht man weiter vom Wortsinn der Norm aus, ist unter der „offensichtlichen Rechtswidrigkeit" zu verstehen, dass es sich einem gewissermaßen auf den ersten Blick erschließt, dass es sich nicht um eine legale Quelle handeln kann. Im Übrigen impliziert der Begriff der Offensichtlichkeit, dass man höchstwahrscheinlich keine besonderen Fähigkeiten oder bestimmte Kenntnisse besitzen muss, um die offensichtlich rechtswidrige Quelle erkennen zu können, sodass mutmaßlich jeder die Rechtswidrigkeit bzw. die nicht legale Quelle bemerken kann. Hinsichtlich des Streaming ist für den durchschnittlich informierten Internetnutzer jedoch nicht immer sofort erkennbar, ob der von ihm abgerufene Stream offensichtlich rechtswidrig ist bzw. rechtswidrig öffentlich zugänglich gemacht worden ist. Der Nutzer kann in manchen Fällen beispielsweise nur schwer einschätzen, ob der ihm vorliegende Videoclip bzw. Medieninhalt mit Zustimmung des Rechteinhabers im Netz hochgeladen wurde oder jemand anderes die Rechte für das öffentliche Zugänglichmachen für diesen Medieninhalt besitzt und er deshalb angeschaut werden darf. Es wäre demzufolge vom Zufall abhängig, ob der Nutzer eine Urheberrechtsverletzung begeht oder nicht, da er nicht kontrollieren kann, ob ein Video oder Film rechtswidrig öffentlich zugänglich gemacht worden ist.

Die historische Auslegung des Begriffs der offensichtlichen Rechtswidrigkeit gibt Aufschluss über die Intention des Gesetzgebers bezüglich der Norm des § 53 UrhG. Im Zuge der digitalen Revolution ist der § 53 UrhG mehrmals neu verfasst und angepasst worden. In der Neufassung von 2003 wurde klar gestellt, dass die Schrankenregelung der Privatkopie auch

---

[73] So auch *Dreyer*, in: Dreyer/Kotthoff/Meckel, Urheberrecht, § 53 Rn. 25.

die digitale Vervielfältigung eines Werkes umfasst.[74] Dieser digitalen Vervielfältigung können die während des Streaming entstehenden Zwischenspeicherungen im Arbeitsspeicher bzw. im Browser-Cache zweifellos zugeordnet werden. Die Einschränkung besteht allerdings darin, dass die digitale Privatkopie wie auch andere Privatkopien nur zulässig ist, wenn hierzu keine offensichtlich rechtswidrig hergestellte Vorlage verwendet wurde. In der Neufassung zu § 53 UrhG von 2008 wurde ergänzt, dass die Vorlage zur digitalen Vervielfältigung auch nicht rechtswidrig öffentlich zugänglich gemacht worden sein darf. Mit dieser Änderung reagierte der Gesetzgeber auf die Verbreitung von urheberrechtlich geschützten Werken in Online-Tauschbörsen und regelte das sich damals stark verbreitende illegale Filesharing, bei dem rechtswidrig angebotene Werke heruntergeladen werden können. Durch diese Änderung wurde dem Kopieren aus Filesharing-Netzen eine Grenze gesetzt.[75]

Auf das in den letzten Jahren verstärkt aufkommende Streaming von urheberrechtlich geschützten Werken im Internet und den dadurch hervorgerufenen Zwischenspeicherungen der Datenfragmente, welche das Vervielfältigungsrecht nach § 16 UrhG verletzen, ist die jetzige Form der Schrankenregelung des § 53 I UrhG prinzipiell anwendbar, jedoch besteht aufgrund des Begriffs der offensichtlichen Rechtswidrigkeit keine Rechtssicherheit. Der Gesetzgeber ist somit dazu angehalten, wie 2008 im Rahmen des Filesharing, auf die neuen technischen Fortschritte wie eben dem Streaming zu reagieren und in Bezug auf den Begriff der offensichtlichen Rechtswidrigkeit in der Schrankenregelung des § 53 I UrhG Rechtsklarheit zu schaffen. Dies könnte z.B. dadurch geschehen, dass präzise und verständliche Voraussetzungen aufgestellt werden, durch die für den Nutzer deutlich wird, ob die Nutzung von Streaming-Angeboten im Internet illegal ist.

Wann eine Vorlage bzw. beim Streaming ein Stream offensichtlich rechtswidrig hergestellt oder öffentlich zugänglich gemacht worden ist und wann nicht, ist allerdings noch nicht endgültig geklärt.[76] Aktuell ist die Bundesregierung der Auffassung, dass es für den Streaming-Nutzer *„nach seinem individuellen Bildungs- und Kenntnisstand"* erkennbar sei, dass die Vorlage eine offensichtlich rechtswidrige Quelle sei.[77] Schon in der amtlichen Begründung bei der Änderung von § 53 UrhG im Jahre 2008 wurde angeführt, dass der jeweilige Nutzer die Offensichtlichkeit der Rechtswidrigkeit nach seinem Bildungs- und

---

[74] *Dreier*, in: Dreier/Schulze, Urheberrechtsgesetz, § 53 Rn. 3.
[75] *Dreyer*, in: Dreyer/Kotthoff/Meckel, Urheberrecht, § 53 Rn. 27.
[76] *Dreier*, in: Dreier/Schulze, Urheberrechtsgesetz, § 53 Rn. 12.
[77] BT-Drs. 18/751, S. 5.

Kenntnisstand erfassen könne.[78] Diese geltende Rechtslage sei aus Sicht der Bundesregierung auch weiterhin verbraucherfreundlich.[79]

Die Bundesregierung vertritt somit die Ansicht einer engen Auslegung des Begriffs der offensichtlichen Rechtswidrigkeit, die auch in der Literatur wieder zu finden ist. Die enge Auslegung dieses unbestimmten Rechtsbegriffs orientiert sich an einer Beurteilung nach subjektiven Kriterien. Der Nutzer eines Streaming-Angebots soll hiernach aufgrund seines Bildungs- und Kenntnisstands selbst in der Lage sein, den offensichtlich rechtswidrigen Stream erkennen zu können. Es wird dabei auf die Erfahrungen und den Wissensstand des Nutzers gesetzt. Zusätzlich spielen bei der Beurteilung, ob ein Stream legal ist, die persönlichen Hintergründe wie das Alter oder die Intelligenz eine Rolle.[80] Die Offensichtlichkeit der Rechtswidrigkeit wird nach dieser Ansicht subjektiv vom Standpunkt des jeweiligen Nutzers aus bewertet.

Die gegensätzliche Ansicht hat eine weite Auslegung des Begriffs der offensichtlichen Rechtswidrigkeit zum Inhalt. So sollen objektive Kriterien dabei helfen, die offensichtliche Rechtswidrigkeit eines Streams im Internet erkennen zu können. In der Literatur werden die Person des Streaming-Anbieters, die Ausgestaltung der Webseite, auf der der Stream vorzufinden ist, die gelegentlich vorkommende schlechte Qualität des Streams oder ein fehlender Hinweis auf eine Lizenzierung durch den Rechteinhaber als objektive Kriterien angeführt.[81] Auch der Preis für einen abgerufenen Medieninhalt, der entweder sehr niedrig oder gar nicht vorhanden sein kann, soll ein Indiz für die Rechtswidrigkeit sein. Die Befürworter dieser weiten Auslegung führen an, dass die objektiven Maßstäbe zu einer Stärkung des Urheberrechts führen und *„der Umfang eines absoluten Rechts wie dem Vervielfältigungsrecht objektiv zu bestimmen sei und nicht vom jeweiligen Kenntnisstand einzelner Personen abhängen sollte"*[82]. Außerdem existiere bei einer engen subjektiven Auslegung Rechtsunsicherheit, da es zu unterschiedlichen Beurteilungen und Bewertungen hinsichtlich der Rechtslage durch die einzelnen Streaming-Nutzer kommen könne.

Nun stellt sich zweifelsohne die Frage, welcher Auslegung zu folgen ist. Zutreffend ist, dass eine Auslegung der offensichtlichen Rechtswidrigkeit nach objektiven Kriterien dem Urhe-

---

[78] BT-Drs. 16/1828, S. 26.
[79] BT-Drs. 18/751, S. 5.
[80] *Dreyer*, in: Dreyer/Kotthoff/Meckel, Urheberrecht, § 53 Rn. 25.
[81] Fa*ngerow/Schulz*, GRUR 2010, 677, 679; *Dreyer*, in: Dreyer/Kotthoff/Meckel, Urheberrecht, § 53 Rn. 26; *Stieper*, MMR 2012, 12, 17.
[82] *Loewenheim*, in: Schricker/Loewenheim, Urheberrecht, § 53 Rn. 22.

berrecht hilft und Rechtsklarheit schaffen kann. Allerdings sind die angeführten objektiven Kriterien nicht spezifisch genug. So ist das Merkmal der Kostenlosigkeit kein eindeutiges Signal für den Nutzer, dass es sich um ein offensichtlich rechtswidriges Streaming-Angebot handelt. Speziell auf den Online-Plattformen *myvideo.de* oder auch *clipfish.de* existieren viele kostenlose Angebote von TV-Serien und Spielfilmen, die vom Nutzer unentgeltlich und rechtmäßig angeschaut werden können. Besonders der Aspekt, dass diese Angebote kostenlos und gleichzeitig legal sind, wird von diesen Streaming-Plattformen in ihren Werbeaktivitäten ausdrücklich betont. Von daher ist die Argumentation, dass ein kostenloser Stream im Rahmen der weiten objektiven Auslegung ein Indiz für die offensichtliche Rechtswidrigkeit darstellen soll, nicht schlüssig und nicht überzeugend. Man kann sogar davon ausgehen, dass es für die enge subjektive Auslegung spricht, da vor allem das Betonen der Kostenlosigkeit und parallelen Rechtmäßigkeit der Streaming-Angebote in der Werbung der jeweiligen Plattformen den individuelle Bildungs- und Kenntnisstand des Nutzers erweitert und ergänzt, sodass sich die Unsicherheiten über die Zulässigkeit des Streaming auf Seiten des Nutzers auflösen.

Des Weiteren ist auch nicht nachvollziehbar, weshalb die Person des Streaming-Anbieters oder die Ausgestaltung der Webseite, auf der der Stream vorhanden ist, Aufschluss über die offensichtliche Rechtswidrigkeit geben sollen. In Fällen, in denen eine Streaming-Webseite beispielsweise unübersichtlich oder ungeordnet strukturiert und aufgebaut ist, kann nicht ohne Weiteres davon ausgegangen werden, dass die angebotenen Streams offensichtlich rechtswidrig öffentlich zugänglich gemacht worden sind. Gleiches gilt für die Person des Streaming-Anbieters, denn selbst aus dem Impressum einer Webseite oder gar dem Fehlen eines Impressums lässt sich nicht mit Sicherheit schließen, ob die zur Verfügung gestellten Streams rechtswidrig sind und ob die Person die erforderlichen Rechte zum Streamen der Medieninhalte eingeholt hat und besitzt. Diese Sichtweise teilt auch das *Amtsgericht Hannover*. Der durchschnittliche Internetnutzer könne die Rechtswidrigkeit aufgrund des fehlenden Impressums einer Webseite nicht rechtlich einordnen. Zudem würde das Fehlen eines Impressums nicht für eine Rechtsuntreue der Webseite sprechen, die sich auch auf die urheberrechtlich geschützten Medieninhalte beziehe.[83]

Im Gegensatz zur weiten Auslegung ist darum der engen Auslegung zu folgen. Der durchschnittliche Nutzer ist gewiss in der Lage, aufgrund seines Bildungs- und Kenntnisstandes selbst zu beurteilen, ob ein Stream aus einer legalen Quelle stammt oder ob er Rechtswidrig-

---

[83] *AG Hannover*, 27.05.2014 – 550 C 13749/13.

keit aufweist. Allein anhand des jeweiligen Streaming-Portals, das der Nutzer aufruft und besucht, kann erkannt werden, ob die angebotenen Streaming-Inhalte unter Umständen nicht rechtmäßig sind. So wird der durchschnittliche Nutzer bei *YouTube, MyVideo* oder *maxdome* darauf schließen, dass die Medieninhalte legal sind, da ihm diese Streaming-Portale aus der Werbung geläufig sind. Umgekehrt wird ihm bei *movie4k.to* oder *kinox.to* bewusst sein, dass die dort bereitgestellten Streams nicht rechtmäßig und somit offensichtlich rechtswidrig sein müssen, da diese Seiten aktuelle Kinofilme und Serien enthalten, die überwiegend noch nicht veröffentlicht sind. Unabhängig von den vielen und stetig anwachsenden Streaming-Angeboten im Internet ist die Offensichtlichkeit der Rechtswidrigkeit für jeden Nutzer ersichtlich. So ist letztendlich auch der Auffassung der Bundesregierung zu folgen, die die Auslegung der offensichtlichen Rechtswidrigkeit mittels subjektiver Kriterien präferiert.

Es kann insofern außerdem festgehalten werden, dass die Schrankenregelung des § 53 I UrhG beim Streaming zugunsten des privaten Nutzers Anwendung finden kann und die durch die Zwischenspeicherungen hervorgerufenen Vervielfältigungen der geschützten Datenfragmente durch diese Norm gerechtfertigt werden können. Wenn legale Inhalte im Wege des Streaming bereitgestellt werden, kommt ein Berufen auf die Schrankenregelung des § 53 I UrhG in Betracht. Die Einschränkung besteht allerdings darin, dass bei den Streams nicht das Kriterium der offensichtlich rechtswidrig hergestellten oder rechtswidrig öffentlich zugänglich gemachten Vorlage zum Tragen kommen darf.

II. Vorübergehende Vervielfältigungshandlungen, § 44a UrhG

Die beim Streaming anfallenden Vervielfältigungen durch den Nutzer können weiterhin zulässig und rechtmäßig sein, wenn § 44a UrhG einschlägig ist. § 44a UrhG stellt eine weitere Schrankenregelung für das Vervielfältigungsrecht nach § 16 UrhG dar und findet auch über entsprechende Verweisungen im Urhebergesetz[84] auf die Vervielfältigungsrechte aus verwandten Schutzrechten Anwendung.[85]

Die Schrankenregelung des § 44a UrhG erlaubt vorübergehende Vervielfältigungshandlungen, wenn sie flüchtig oder begleitend sind und einen integralen und wesentlichen Teil eines technischen Verfahrens darstellen und deren alleiniger Zweck es ist, eine Übertragung in

---

[84] §§ 72 I, 83, 85 IV, 87 IV, 94 IV UrhG.
[85] *Busch*, GRUR 2011, 496, 501.

einem Netz zwischen Dritten durch einen Vermittler (Nr. 1) oder eine rechtmäßige Nutzung (Nr. 2) eines Werkes zu ermöglichen sowie keine eigenständige wirtschaftliche Bedeutung aufweisen. Der Gesetzgeber hat diese Norm mit in das Urhebergesetz aufgenommen, damit nicht alle technischen Vervielfältigungsvorgänge, die bei der Übertragung von urheberrechtlich geschützten Werken in Netzen, Routern, Arbeitsspeichern oder bei der Nutzung des Werkes in digitaler Form anfallen, dem Vervielfältigungsrecht des Urhebers bzw. seiner Zustimmung unterliegen.[86] Der Hintergrund ist, dass vor allem das Browsing und Caching, das mit dem „normalen surfen" im Internet verbunden ist, vom Vervielfältigungsrecht ausgenommen werden sollen.[87] Das Ziel der Norm besteht somit darin, die für die rechtmäßige Nutzung technischen bedingten vorübergehenden Vervielfältigungen freizustellen.[88]

Zu unterscheiden ist zwischen § 44a Nr. 1 und Nr. 2 UrhG. § 44a Nr. 1 UrhG fällt bei der Frage, ob die flüchtigen Vervielfältigungen auf Nutzerseite von einer Schranke des Urheberrechts gedeckt sind, heraus.[89] Gemäß dieser Norm sind vorübergehende Vervielfältigungshandlungen zulässig, wenn der Zweck in einer Übertragung in einem Netz zwischen Dritten durch einen Vermittler besteht. Dieser Fall privilegiert bei einer Übertragung im Internet ausschließlich den Vermittler bzw. den Diensteanbieter, nicht aber den Absender und Empfänger.[90] Dies heißt, dass die vorübergehenden Vervielfältigungen von dem Vermittler freigestellt sind und erlaubt werden.[91] Da es aber um die Frage geht, ob die Vervielfältigungen auf Nutzerseite der Schrankenregelung des § 44a UrhG unterfallen, kommt lediglich § 44a Nr. 2 UrhG in Betracht.

1. Vorübergehende und flüchtige oder begleitende Vervielfältigungen

Im weiteren Verlauf wird nun anhand der Tatbestandsmerkmale von § 44a Nr. 2 UrhG untersucht, ob die beim Streaming entstehenden Vervielfältigungen aufgrund der Zwischenspeicherungen der Datenfragmente auf Seiten des Nutzers gemäß der Norm zulässig sind.

---

[86] *Dreier*, in: Dreier/Schulze, Urheberrechtsgesetz, § 44a Rn 1.
[87] *Kroitzsch/Götting*, in: Beck' scher Online-Kommentar, Urheberrecht, Stand: 01.02.2014, § 16 Rn. 4.
[88] *Wandtke/von Gerlach*, GRUR 2013, 676, 678.
[89] *Ensthaler*, NJW 2014, 1553, 1555.
[90] *KG Berlin*, GRUR-RR 2004, 228.
[91] *Loewenheim*, in: Schricker/Loewenheim, Urheberrecht, § 44a Rn. 8.

Zunächst müssen die Vervielfältigungen vorübergehend sein, d.h. sie dürfen nicht von Dauer, sondern müssen kurzlebig sein. Die vervielfältigten Dateien beim Streaming im Arbeitsspeicher bzw. im Browser-Cache sind kurzfristig, denn der Arbeitsspeicher bzw. Cache ist so konzipiert und aufgebaut, dass es zu regelmäßigen automatischen Löschungen kommt.[92] Es liegen folglich vorübergehende Vervielfältigungen beim Streaming vor, die im Sinne der Norm zusätzlich entweder flüchtig oder begleitend sein müssen.

Flüchtige Vervielfältigungshandlungen sind vorhanden, wenn ihre Lebensdauer auf das für das ordnungsgemäße Funktionieren des betreffenden technischen Verfahrens Erforderliche beschränkt ist, wobei dieses Verfahren derart automatisiert sein muss, dass es diese Handlung automatisch, ohne Beteiligung der natürlichen Person löscht, sobald ihre Funktion, die Durchführung eines solchen Verfahrens zu ermöglichen, erfüllt ist.[93] Weiterhin gilt eine Vervielfältigung als flüchtig, wenn es sich um eine kurzfristige Speicherung handelt, die automatisch nach einer Arbeitssitzung oder nach einem bestimmten Zeitraum gelöscht wird.[94] Vervielfältigungshandlungen sind dagegen begleitend, wenn sie einen Zwischenschritt auf dem Wege zur eigentlich bezweckten Nutzung des Werkes darstellen.[95]

Beim Vorgang des Streaming können die anfallenden Vervielfältigungen aufgrund der Zwischenspeicherungen der Datenfragmente nicht unmittelbar als flüchtig charakterisiert werden. Obwohl sie nicht dauerhaft im Arbeitsspeicher des Rechners bzw. Browser-Cache vorhanden sind und die „Lebensdauer" der Vervielfältigungen beim Streaming zeitlich begrenzt ist, sind die Vervielfältigungen nicht flüchtig, denn es kann vorkommen, dass sie im Arbeitsspeicher bzw. im Cache über ein paar Tage oder Wochen vorhanden sind, wenn dieser je nach Art der Nutzereinstellung nicht geleert wird. Des Weiteren drückt das Wort „flüchtig" aus, dass die vorübergehenden Vervielfältigungen sofort bzw. während des fortlaufenden Prozess des Streaming gelöscht werden müssen, was angesichts der kurzfristigen Zwischenspeicherungen nicht der Fall ist.

Die Vervielfältigungshandlungen beim Streaming können aber als begleitend bezeichnet werden. Sie dienen lediglich dazu, die Dateien bzw. den Stream, für den Nutzer sicht- oder hörbar zu machen. Aufgrund des Streaming Verfahrens, einem technischen Vorgang, entste-

---

[92] *Galetzka/Stamer*, MMR 2014, 292, 296.
[93] *EuGH,* GRUR 2009, 1041, 1045.
[94] *v.Welser*, in: Wandtke/Bullinger, Urheberrecht, § 44a Rn. 2.
[95] *Dreyer*, in: Dreyer/Kotthoff/Meckel, Urheberrecht,§ 44a Rn. 9.

hen die Vervielfältigungen nur beiläufig[96] und fungieren deshalb als ein Zwischenschritt auf dem Weg zur der vom Nutzer gewollten Werknutzung, dem Anschauen des Streams. In Folge dessen können die Vervielfältigungen als vorübergehend begleitend eingestuft werden.

2. Bestandteil eines technischen Verfahrens

Des Weiteren müssen die vorübergehenden begleitenden Vervielfältigungen gemäß § 44a Nr. 2 UrhG einen integralen und wesentlichen Teil eines technischen Verfahrens darstellen. Darunter ist zu verstehen, dass die vorübergehenden Vervielfältigungen vollständig im Rahmen der Durchführung eines technischen Verfahrens, hier dem Streaming, erfolgen.[97] Voraussetzung ist, dass die Vervielfältigungen unerlässlich sind, sodass ohne sie das technische Verfahren nicht ordnungsgemäß und effizient funktionieren könnte.[98]

Mit Bezug auf das Streaming und den dort anfallenden vorübergehenden begleitenden Vervielfältigungen lässt sich schlussfolgern, dass diese Vervielfältigungen nach § 44a Nr. 2 UrhG einen integralen und wesentlichen Teil eines technischen Verfahrens darstellen. Während des Streaming kommt es zu Zwischenspeicherungen auf der Festplatte des Rechners oder im Arbeitsspeicher bzw. im Browser-Cache, weshalb die Vervielfältigungen ein Bestandteil des Streaming sind. Ohne die entstehenden Vervielfältigungen durch die Zwischenspeicherungen der Datenfragmente wäre der technische Vorgang des Streaming nicht möglich. Die Vervielfältigungen sind folglich für das Funktionieren des gesamten Streaming Prozesses notwendig. Sie stellen damit einen integralen und wesentlichen Teil eines technischen Verfahrens dar, da die Zwischenspeicherungen und die damit verbundenen vorübergehenden begleitenden Vervielfältigungen der Datenfragmente dazu dienen, die Schwankungen der Übertragungsrate beim Streaming auszugleichen.[99]

3. Rechtmäßige Nutzung

Die vorübergehenden begleitenden Vervielfältigungen im Rahmen des Streaming müssen ferner gemäß § 44a Nr. 2 UrhG den Zweck erfüllen, eine rechtmäßige Nutzung des geschützten Werkes zu ermöglichen. Allerdings ist umstritten, wie der Rechtsbegriff der „rechtmäßigen Nutzung" auszulegen ist.

---

[96] *v.Welser*, in: Wandtke/Bullinger, Urheberrecht, § 44a Rn. 2.
[97] *Dreyer*, in: Dreyer/Kotthoff/Meckel, Urheberrecht, § 44a Rn. 10.
[98] *EuGH*, GRUR 2009, 1041, 1045.
[99] *Stieper*, MMR 2012, 12, 15.

Folgt man dem Wortlaut, so kann unter dem Begriff der „rechtmäßigen Nutzung" verstanden werden, dass die Nutzung eines urheberrechtlich geschützten Werkes als rechtmäßig gilt, wenn der Urheber oder der jeweilige Rechteinhaber der Nutzung zugestimmt bzw. sie gestattet hat. Ebenfalls ist eine Nutzung dem Wortlaut zufolge dann rechtmäßig, wenn sie nicht rechtswidrig ist, sie also nicht gegen gesetzliche Bestimmungen verstößt oder infolge von gesetzlichen Schrankenregelungen zulässig ist. Dieses Verständnis von einer rechtmäßigen Nutzung lässt sich auch in Erwägungsgrund 33 der Urheberrechtsrichtlinie[100] vorfinden. Hiernach soll eine Nutzung als rechtmäßig gelten, soweit sie vom Rechteinhaber zugelassen bzw. nicht durch Gesetze beschränkt ist. Besonders in der Literatur wird auf diesen Erwägungsgrund 33 der Richtlinie bei der Frage, was unter einer rechtmäßigen Nutzung zu verstehen ist, hingewiesen. Eine rechtmäßige Nutzung liegt demzufolge dann vor, wenn sie vom jeweiligen Inhaber des betreffenden Rechts erlaubt ist oder sie im Rahmen gesetzlicher Schranken zulässig ist und auch sonst nicht durch Gesetze beschränkt ist.[101] Die Formulierung „nicht durch Gesetze beschränkt" kann anders ausgedrückt als „durch Schranken gedeckt" bezeichnet werden.

Nach dieser Auffassung wäre die Regelung des § 44a Nr. 2 UrhG jedoch inhaltsleer und überflüssig, denn dies würde bedeuten, dass die Privilegierung, vorübergehende Vervielfältigungen im Sinne der Norm erstellen zu dürfen, angesichts dem Zweck, der in der rechtmäßigen Nutzung besteht, aus einer anderen Schrankenregelung erfolgt bzw. hierzu auf einen anderen Gestattungstatbestand verwiesen wird.[102] Grundsätzlich besitzt allein der Urheber das Recht zur Vervielfältigung des Werkes nach § 15 I Nr. 1 UrhG. Als Ausnahme von diesem ausschließlichen Recht befindet sich im Urheberrechtsgesetz die Schrankenregelung des § 44a Nr. 2 UrhG. Danach sind unter bestimmten Voraussetzungen Vervielfältigungen trotzdem erlaubt, vor allem dann, wenn der alleinige Zweck für diese Vervielfältigungen in einer rechtmäßigen Nutzung besteht. Die rechtmäßige Nutzung wird dabei gemäß der Richtlinie so definiert, dass diese vorliegt, wenn der Rechteinhaber sie zugelassen hat bzw. die Nutzung nicht durch andere Gesetze beschränkt ist. Dies drückt aus, dass die Schrankenregelung des § 44a Nr. 2 UrhG, die als ein Tatbestandsmerkmal den Zweck der rechtmäßigen Nutzung

---

[100] RL 2001/29/EG des Europäischen Parlaments und des Rates vom 22.5.2001 zur Harmonisierung bestimmter Aspekte des Urheberrechts und der verwandten Schutzrechte in der Informationsgesellschaft.
[101] *Dreier*, in: Dreier/Schulze, Urheberrechtsgesetz, § 44a Rn. 8; *Dreyer*, in: Dreyer/Kotthoff/Meckel, Urheberrecht, § 44a Rn. 12; *Loewenheim*, in: Schricker/Loewenheim, Urheberrecht, § 44a Rn. 9.
[102] So auch *Ensthaler*, NJW 2014, 1553, 1555; F*angerow/Schulz*, GRUR 2010, 677, 682; *Stieper,* MMR 2012, 12, 16; *Stolz,* MMR 2013, 353, 357.

besitzt, nach obiger Ansicht aber entbehrlich ist, da wegen dem Verständnis von einer rechtmäßigen Nutzung nach Erwägungsgrund 33 der Richtlinie ohnehin die Rechtmäßigkeit der Nutzung bzw. die Tatsache, dass Vervielfältigungen trotzdem erlaubt sind, unabhängig von § 44a Nr. 2 UrhG aus anderen gesetzlichen Bestimmungen erfolgen kann. Die Schrankenregelung für vorübergehende Vervielfältigungen wird aus diesem Grund unterlaufen, was nicht das Vorhaben des Gesetzgebers sein konnte.

Der Begriff der rechtmäßigen Nutzung kann darüber hinaus dahingehend ausgelegt werden, dass diese vorliegt, wenn es sich um die Nutzung einer rechtmäßig hergestellten oder erworbenen Kopie handelt[103], es somit auf die Rechtmäßigkeit der Quelle der Inhalte ankommt. Die rechtmäßige Nutzung umfasst somit die Nutzung eines im Vorfeld rechtmäßig erworbenen Vervielfältigungsstücks oder schließt zumindest die Verwendung einer offensichtlich rechtswidrig hergestellten oder öffentlich zugänglich gemachten Vorlage aus.[104] Es besteht damit eine Ähnlichkeit zu Schrankenregelung nach § 53 I UrhG, die Vervielfältigungen zum privaten oder sonstigen eigenen Gebrauch gestattet, soweit die Vorlage hierzu nicht offensichtlich rechtswidrig hergestellt oder öffentlich zugänglich gemacht worden ist. Dieser Ansicht zufolge handelt es sich um eine rechtmäßige Nutzung, wenn entweder die Nutzung vom Rechteinhaber erlaubt oder durch eine Schrankenregelung gedeckt ist oder wenn die Vorlage für die Vervielfältigungen nicht offensichtlich rechtswidrig hergestellt oder öffentlich zugänglich gemacht wurde. Dem kann jedoch entgegen gehalten werden, dass nach dem Wortlaut von § 44a Nr. 2 UrhG die Rechtmäßigkeit der Nutzung und nicht die Rechtmäßigkeit der Vorlage im Vordergrund steht.[105] Diese Auslegung vermag somit nicht zu überzeugen, da es an dieser Stelle um die Interpretation der rechtmäßigen Nutzung im Sinne von § 44a Nr. 2 UrhG und nicht um die Rechtswidrigkeit der Vorlage nach § 53 I UrhG geht.

Eine weitere Ansicht zur „rechtmäßigen Nutzung" sieht vor, dass der rezeptive Werkgenuss unter diesen Begriff fällt.[106] Damit ist die Freiheit des Nutzers, urheberrechtlich geschützte Werke zu konsumieren gemeint. Dem Nutzer ist es immer ohne Einschränkungen gestattet, die geschützten Werke zu betrachten, anzuhören oder auch zu lesen, kurzum zu genießen. Bezogen auf das Streaming bedeutet dies, dass der Nutzer einen Stream betrachten kann und

---

[103] *Stolz,* MMR 2013, 353, 357; *Wandtke/von Gerlach,* GRUR 2013, 676, 680.
[104] *Stieper,* MMR 2012, 12, 16.
[105] So auch *Ensthaler,* NJW 2014, 1553, 1556; *Hilgert/Hilgert,* MMR 2014, 85, 87; *Redlich,* K&R 2014, 73, 76.
[106] *Mitsdörffer/Gutfleisch,* MMR 2009, 731, 733; *Stolz,* MMR 2013, 353, 357.

dies eine rechtmäßige Nutzung im Sinne von § 44a Nr. 2 UrhG darstellt. Es gilt der Grundsatz der Rezeptionsfreiheit. Diese Ansicht ist aus mehreren Gründen vorzugswürdig.

Der Grundgedanke von § 44a Nr. 2 UrhG liegt darin, dem Nutzer die Benutzung urheberrechtlich geschützter Werke vor dem Hintergrund der digitalen Revolution sowie dem immer fortschreitenden Stand der Technik zu ermöglichen. Im Zentrum steht dabei die Nutzung des Werkes in digitaler Form wie z.B. durch das Browsing, Caching oder eben durch das Streaming. In den meisten Fällen sind damit aber einhergehende vorübergehende Vervielfältigungen verbunden. Die eigentliche Nutzung des Werkes besteht hingegen bei all diesen Arten in der Regel aus der bloßen Wiedergabe zum eigenen Werkgenuss. Der Nutzer hat nicht die Absicht, das Werk zu gebrauchen, um eine Kopie bzw. eine Vervielfältigung zu erstellen. Es kann sogar davon ausgegangen werden, dass er bei diesen Arten der Werknutzung wie dem Browsing, Caching oder eben dem Streaming gar nicht wahrnimmt, dass vorübergehende Vervielfältigungshandlungen geschehen. Die Rechtmäßigkeit dieser Form der Werknutzung ergibt sich daraus, dass die Nutzung nicht von den Verwertungsrechten des Urhebers oder des jeweiligen Rechteinhabers nach §§ 15 ff. UrhG erfasst wird, was gerade bei der bloßen Wiedergabe zum privaten Werkgenuss der Fall ist.[107] Die Wiedergabe oder auch die visuelle Darstellung des Werkes tangiert zwar das Vervielfältigungsrecht, jedoch ist dies bei dieser Form der Werknutzung zweitrangig, da es beim Streaming in erster Linie um den Empfang der Daten und die gleichzeitige nichtöffentliche Wiedergabe geht. Sowohl die Verwertungsrechte für die körperliche Form als auch die Rechte für die Verwertung des Werkes in unkörperlicher Form wie der öffentlichen Wiedergabe nach §§ 15 ff. UrhG greifen nicht, weshalb der private Werkgenuss gewahrt wird und die Nutzung des Werkes auf diese Weise rechtmäßig ist.[108]

Dieser Meinung ist auch der *Europäische Gerichtshof.* In dem Fall der *Football Association Premier League und Murphy* ging es um englische Gastwirtschaften, die griechische Decoderkarten verwendet haben um damit Fußballspiele der englischen Premier League zeigen zu können. Zudem fand ein Strafverfahren gegen die Inhaberin eines Pubs (Karen Murphy) statt, in dem Spiele der Premier League gezeigt wurden. Der *Europäische Gerichtshof* hat in dieser Angelegenheit unter anderem geurteilt, dass *„der bloße Empfang der Sendung als solcher, also die Erfassung des Signals und die visuelle Darstellung im privaten Kreis, keine durch die*

---

[107] *Dreyer*, in: Dreyer/Kotthoff/Meckel, Urheberrecht, § 44a Rn. 13.
[108] So auch *Hilgert/Hilgert*, MMR 2014, 85, 87.

Regelung der Union beschränkte Handlung darstellt und diese Handlung demzufolge recht-
mäßig ist".[109] Die im Speicher eines Satellitendecoders und auf einem Fernsehbildschirm
entstehenden Vervielfältigungen erfüllen dabei die Voraussetzungen des Artikels 5 I der
Richtlinie 2001/29, der dem § 44a Nr. 2 UrhG entspricht, und dürfen daher ohne Erlaubnis
der betreffenden Urheberrechteinhaber vorgenommen werden. Der Zweck bei diesen Vervielfältigungshandlungen besteht nach Ansicht des *Gerichtshofs* darin, eine rechtmäßige Nutzung
des Werkes im Sinne von Artikel 5 I lit. b der Richtlinie 2001/29 zu ermöglichen. Eben diese
Auffassung des *Europäischen Gerichtshofs* kann gleichermaßen auf das Streaming angewendet werden, denn dort geschieht nichts anderes als bei dem Empfang einer Sendung mittels
eines Satellitendecoders und der anschließenden nichtöffentlichen Wiedergabe, weswegen die
rechtmäßige Nutzung gemäß § 44a Nr. 2 UrhG in Form des privaten Werkgenusses gegeben
ist.

Problematisch kann allerdings sein, dass die Nutzung beim Streaming nicht rechtmäßig sein
könnte, wenn sich der Nutzer Streams anschaut, die ohne Zustimmung des Rechteinhabers
hochgeladen wurden oder die im Sinne von § 53 I UrhG offensichtlich rechtswidrig öffentlich
zugänglich gemacht worden sind. Fraglich ist, ob solche Fälle auch von der Schrankenregelung des § 44a Nr. 2 UrhG gedeckt sind und ob die Nutzung rechtmäßig ist.
Dies kann jedoch bejaht werden, denn der Gesetzgeber macht die Freiheit des Werkgenusses
nicht von der Rechtmäßigkeit der Quelle abhängig.[110] Zudem stellt der *Europäische Gerichts-*
hof in seiner Entscheidung allein aus der Nutzerperspektive auf die Urheberrechtsfreiheit des
Empfangs ab und geht auf eine mögliche Rechtswidrigkeit der vorgelagerten Sendung nicht
ein, weshalb die Zwischenspeicherungen und die damit verbundenen Vervielfältigungen der
Datenfragmente von § 44a Nr. 2 UrhG auch dann gedeckt sind, wenn die Sendung bzw. der
Stream ohne die erforderliche Zustimmung des Rechteinhabers erfolgt.[111] Der Nutzer profi-
tiert von der Freiheit des Werkgenusses und nutzt das Werk auf eine rechtmäßige Weise, was
als richtig anzusehen ist. Bei einer Verneinung der Frage, ob die Nutzung rechtmäßig ist,
wenn sich der Nutzer einen rechtswidrigen Stream anschaut, kommt es zu einem triftigen
Widerspruch. So ist es beispielsweise nicht begreiflich und gänzlich nicht nachvollziehbar,
warum das Anhören einer rechtswidrig kopierten CD oder das Anschauen einer rechtswidrig

---

[109] *EuGH*, NJW 2012, 213.
[110] *Dreyer*, in: Dreyer/Kotthoff/Meckel, Urheberrecht, § 44a Rn. 15, *Stieper*, MMR 2012, 12, 15.
[111] *EuGH*, NJW 2012, 213; *Dreier*, in: Dreier/Schulze, Urheberrechtsgesetz, § 44a Rn. 8; *Dreyer*, in: Drey-
er/Kotthoff/Meckel, Urheberrecht, § 44a Rn. 15; *Stieper*, MMR 2012, 12, 15.

kopierten DVD oder gar das Lesen eines unerlaubt duplizierten Buchs keine Verletzung des Urheberrechts sein soll, das Betrachten eines rechtswidrig ins Internet gelangten Stream dagegen schon. Die Besonderheit beim Streaming liegt eben darin, dass es durch die Zwischenspeicherungen zu vorübergehenden begleitenden Vervielfältigungen kommt. Bei DVD-Playern und auch Laufwerken geschieht dies jedoch aufgrund des Buffering in gleicher Weise.[112] Es kommt dort auch zu vorübergehenden Vervielfältigungen während des Abspielprozesses. Daher ist es nicht schlüssig und überzeugend, weshalb eine veränderte Technik des Abspielens eines Werkes bzw. eine neue Form des Rezipierens dazu führen soll, dass das bloße Betrachten bzw. der reine Werkgenuss mit einem Mal eine urheberrechtlich relevante Vervielfältigungshandlung darstellen soll. Letztlich ist auch nicht die Rechtmäßigkeit der Quelle oder des Angebots entscheidend, sondern die Rechtmäßigkeit der Nutzung, die beim Streaming in dem rezeptiven Werkgenuss besteht. Darüber hinaus ist es wenig überzeugend, den Nutzer aufgrund des Betrachtens eines rechtswidrig ins Internet gelangten Streams in Haftung zu nehmen bzw. zur Verantwortung zu ziehen und dies nur, da die Anbieter, also die Streaming-Anbieter und Uploader, oftmals nicht greifbar sind. Die Server mit den rechtswidrig öffentlich zugänglich gemachten Streaming-Angeboten befinden sich häufig im Ausland und die entsprechenden Webseiten besitzen Domains aus kleinen Inselstaaten, wie es beispielsweise bei der Webseite *kino.to* der Fall war, deren Domain im Südseearchipel Tonga registriert war. Die Verfolgung dieser Anbieter und derer, die rechtswidrig Videos und Filme auf Plattformen im Internet hochladen, ist wegen der globalen Verfügbarkeit des Internets sowie der wenig vorhandenen internationalen Zusammenarbeit bei der Strafverfolgung schwierig bis unmöglich.[113] Es darf daher aber nicht zur gängigen Praxis werden, anstatt die Anbieter, die mit derartigen Streaming-Angeboten gegen § 19a UrhG verstoßen, den Nutzer, der die jeweiligen rechtswidrigen Inhalte bloß betrachtet, zu verfolgen und ihn sozusagen zur Zielscheibe für Abmahnungen und Schadensersatzklagen zu machen.

Der Begriff der rechtmäßigen Nutzung hängt insoweit unmittelbar mit dem Grundsatz der Rezeptionsfreiheit zusammen und ist dermaßen auszulegen, dass auch das Betrachten eines rechtswidrigen Streams durch den Nutzer zulässig ist. Die beim Streaming durch die Zwischenspeicherungen anfallenden vorübergehenden begleitenden Vervielfältigungen der Datenfragmente im Arbeitsspeicher bzw. im Browser-Cache werden vom Nutzer nicht in

---

[112] *Hilgert/Hilgert*, MMR 2014, 85, 88.
[113] *Ensthaler*, NJW 2014, 1553, 1556; *Stolz*, MMR 2013, 353, 357.

irgendeiner Form weiter verwertet oder wirtschaftlich genutzt, da er nur daran interessiert ist, den Stream anzuschauen. Sie dienen dazu, eine rechtmäßige Nutzung, d.h. die bloße Wiedergabe des Werkes unter der Freiheit des Werkgenusses, zu ermöglichen und stellen gewissermaßen „eine Art Annex der Rezeption"[114] dar.

4. Keine eigenständige wirtschaftliche Bedeutung

Die vorübergehenden begleitenden Vervielfältigungen beim Streaming dürfen abschließend keine eigenständige wirtschaftliche Bedeutung haben. Es wird in der Rechtsprechung davon ausgegangen, dass eine eigenständige wirtschaftliche Bedeutung dann vorliegt, wenn dem Rechteinhaber durch die Vervielfältigungen Einnahmemöglichkeiten entgehen, z.B. Lizenzeinnahmen.[115] Die eigenständige wirtschaftliche Bedeutung wird somit mit den Einnahmemöglichkeiten des Rechteinhabers in Verbindung gesetzt. Vorübergehende Vervielfältigungen würden dementsprechend dann eine eigenständige wirtschaftliche Bedeutung besitzen, wenn der Rechteinhaber durch sie Profit erzielen könnte. Dies hätte aber auch zur Folge, dass jeder Besuch einer Webseite mit urheberrechtlich geschütztem Inhalt wirtschaftliche Bedeutung hätte und dem Rechteinhaber potenzielle Einnahmen entgehen würden[116], denn beim Aufrufen der Webseite bzw. beim „surfen" werden auch vorübergehende Vervielfältigungen im Arbeitsspeicher bzw. im Browser-Cache des Nutzerrechners erstellt, sodass § 44a Nr. 2 UrhG aufgrund des Vorliegens des Tatbestandsmerkmals der eigenständigen wirtschaftlichen Bedeutung nicht greifen würde. Dies soll und kann allerdings nicht der Sinn der Schrankenregelung von § 44a Nr. 2 UrhG sein, was auch der Erwägungsgrund 33 der Urheberrechtsrichtlinie darlegt. Hiernach sollen gerade das Browsing und Caching, das beim „normalen surfen" im Internet unerlässlich ist, vor dem Hintergrund von § 44a Nr. 2 UrhG erlaubt sein. So sind das Browsing und Caching, bei denen vorübergehende Vervielfältigungen im Arbeitsspeicher bzw. im Browser-Cache temporär gespeichert werden, von § 44a Nr. 2 UrhG als Ausnahmeregelung ausgenommen und zulässig.

Vergleicht man dies nun mit dem Streaming, bei dem auch vorübergehende Vervielfältigungen im Arbeitsspeicher bzw. im Browser-Cache hervorgerufen werden, so kann man nur zu der Schlussfolgerung kommen, dass die vorübergehenden begleitenden Vervielfältigungen beim Streaming keine eigenständige wirtschaftliche Bedeutung im Sinne von § 44a Nr. 2

---

[114] Stolz, MMR 2013, 353, 358.
[115] BGH, NJW 2010, 2731; OLG Jena, GRUR-RR 2008, 223.
[116] So auch Busch, GRUR 2011, 496, 501; Stolz, MMR 2013, 353, 356.

UrhG aufweisen. Es wäre gewissermaßen widersprüchlich, wenn den vorübergehenden begleitenden Vervielfältigungen beim Streaming eine eigenständige wirtschaftliche Bedeutung zugemessen würde, während die temporären Vervielfältigungen beim Browsing und Caching keine wirtschaftliche Bedeutung aufweisen und vom Vervielfältigungsrecht zwecks der Schrankenbestimmung von § 44a Nr. 2 UrhG ausgenommen sein sollen, obwohl sowohl beim Streaming als auch beim Browsing und Caching vorübergehende Vervielfältigungen im Arbeitsspeicher bzw. im Browser-Cache festgelegt werden.

Ferner wird das Merkmal der eigenständigen wirtschaftlichen Bedeutung so verstanden, dass die vorübergehenden Vervielfältigungen für den Nutzer einen über ihren unmittelbaren technischen Zweck hinausgehenden Vorteil aufweisen müssen.[117] Die beim Streaming anfallenden Zwischenspeicherungen und damit verbundenen Vervielfältigungen der Datenfragmente können aber nicht anderweitig verwertet werden, da sie voneinander getrennt und unter kryptischen Bezeichnungen in dem temporären Ordner des Endgeräts bzw. im Arbeitsspeicher oder Browser-Cache zwischengespeichert werden.[118] Die Zwischenspeicherungen sowie die dazu gehörenden vorübergehenden Vervielfältigungen erfolgen beim Streaming automatisch, sodass der Nutzer keinen Einfluss auf den Inhalt der zwischengespeicherten Datenfragmente nehmen kann. Der Nutzer müsste aktiv in das Verfahren der Zwischenspeicherung eingreifen und während des Streaming den Arbeitsspeicher bzw. den Browser-Cache auslesen und die dort vorliegenden Inhalte kopieren, was einerseits dem durchschnittlichen Nutzer gar nicht geläufig ist und ihm dies andererseits aufgrund seines Technikverständnis nicht zu zutrauen ist. Auch können die Zwischenspeicherungen mitsamt den Vervielfältigungen in der Regel nach Beendigung des Streaming Vorgangs nicht nochmals abgespielt werden und werden aufgrund der späteren Löschung nicht dauerhaft gespeichert.

Einer weiteren Auffassung zufolge besitzen die vorübergehenden Vervielfältigungen dann keine eigenständige wirtschaftliche Bedeutung, wenn sie Nutzungsmöglichkeiten bewirken, die von der Zustimmung des Rechteinhabers gedeckt sind bzw. keine neue eigenständige Nutzungsmöglichkeit für den Nutzer darstellen.[119] Die Zwischenspeicherungen und die damit einhergehenden vorübergehenden Vervielfältigungen beim Streaming sind in den Bereich des

---

[117] *EuGH*, NJW 2012, 213; *Redlich*, K&R 2014, 73, 76; *Stieper*, MMR 2012, 12, 17.
[118] *Hilgert/Hilgert*, MMR 2014, 85, 87.
[119] *Dreier*, in: Dreier/Schulze, Urheberrechtsgesetz, § 44a Rn. 9; *Loewenheim*, in: Schricker/Loewenheim, Urheberrecht, § 44a Rn. 10.

rezeptiven Werkgenusses einzuordnen, d.h. der rezeptive Werkgenuss während des Streaming verkörpert keine neue, eigenständige Nutzungsmöglichkeit. Für den Nutzer steht die bloße Wiedergabe des Streams im Vordergrund, weswegen die Vervielfältigungen im Arbeitsspeicher bzw. im Browser-Cache für ihn keinen wirtschaftlichen Wert besitzen, da „sie aus seiner Sicht nur das Nebenprodukt des rezeptiven Werkgenusses" sind.[120] Der rezeptive Werkgenuss an sich stellt keine neue, eigenständige Nutzungsmöglichkeit eines urheberrechtlich geschützten Werkes da.

Infolgedessen besitzen die vorübergehenden begleitenden Vervielfältigungen beim Streaming keine eigenständige wirtschaftliche Bedeutung.

III. Zwischenergebnis

Die beim Streaming entstehenden Zwischenspeicherungen der in der Regel urheberrechtlich geschützten Datenfragmente stellen Vervielfältigungen dar und verstoßen somit gegen das Vervielfältigungsrecht nach § 16 UrhG. Als Rechtfertigung dieser auf der Festplatte oder im Arbeitsspeicher bzw. im Browser-Cache anfallenden temporären und kurzlebigen Vervielfältigungen können die Schrankenregelungen der §§ 53 I, 44a Nr. 2 UrhG greifen.

§ 53 I UrhG als Privatkopierschranke kann grundsätzlich als Schrankenbestimmung in Betracht kommen, denn der Nutzer schaut sich einen Stream zum privaten Gebrauch an und die durch das technische Verfahren des Streaming hervorgerufenen Vervielfältigungen der Datenfragmente dienen dabei keinen Erwerbszwecken. Solange es sich hauptsächlich um legale Inhalte handelt, die im Zuge des Streaming mit Zustimmung des Rechteinhabers bereitgestellt werden, stellt das Streaming keinen Verstoß gegen das Urheberrecht dar. Als Einschränkung muss dessen ungeachtet festgehalten werden, dass bei den Streams nicht das Tatbestandsmerkmal der offensichtlich rechtswidrig hergestellten oder rechtswidrig öffentlich zugänglich gemachten Vorlage erfüllt sein darf, d.h. dass der Stream nicht aus einer offensichtlich rechtswidrigen Quelle stammen darf.

Des Weiteren können die Vervielfältigungen von § 44a Nr. 2 UrhG gedeckt sein. Beim Streaming sind die Vervielfältigungen der Datenfragmente sowohl als vorübergehend als auch begleitend zu charakterisieren. Zudem sind sie Bestandteil eines technischen Verfahrens (dem Streaming), denn ohne die Vervielfältigungen würde der gesamte Streaming Vorgang nicht

---

[120] *Wandtke/von Gerlach*, GRUR 2013, 676, 682.

ordnungsgemäß ablaufen. Der Zweck der vorübergehenden begleitenden Vervielfältigungen besteht dabei in einer rechtmäßigen Nutzung, unter der der rezeptive Werkgenus zu fassen ist. Die vorübergehenden begleitenden Vervielfältigungen weisen zudem keine eigenständige wirtschaftliche Bedeutung auf, weshalb die Kriterien von § 44a Nr. 2 UrhG erfüllt sind und diese Schrankenregelung zur Rechtfertigung der beim Streaming durch die Zwischenspeicherungen entstehenden vorübergehenden begleitenden Vervielfältigungen der Datenfragmente zur Anwendung kommt.

Dass die Rechtmäßigkeit des Streaming aus urheberrechtlicher Sicht auch nicht durch die Rechtsprechung endgültig geklärt ist und die Zulässigkeit des Streaming kontrovers diskutiert wird, zeigt der Fall der Redtube-Abmahnaffäre.

E. Die Redtube-Abmahnaffäre

Im Dezember 2013 kam es in Deutschland zu einer Abmahnwelle um das Videoportal Redtube *(redtube.com)*, das erotische sowie pornographische Medieninhalte auf seiner Webseite anbietet. Die Regensburger Anwaltskanzlei *Urmann + Collegen* hatte im Auftrag von der schweizerischen Aktiengesellschaft *The Archive AG* tausende Internetnutzer abgemahnt. Der Vorwurf bestand darin, dass die betroffenen Internetnutzer auf der Porno-Streaming-Seite Redtube urheberrechtlich geschützte pornographische Werke gestreamt bzw. angeschaut haben sollen.[121] Dabei sollen Urheberrechtsverletzungen begangen worden sein, denn das Streamen bzw. das Anschauen der Medieninhalte auf dieser Internetseite verstoße nach Auffassung der Abmahner gegen das Vervielfältigungsrecht aus §§ 16, 94 UrhG des Rechteinhabers.[122] Es handelt sich bei den abgemahnten Videos um sechs Pornofilme, die in Ausschnitten auf *redtube.com* zu sehen sind[123] und für die *The Archive AG* die Verwertungsrechte besitzt, wobei dies nach neusten Erkenntnissen nicht als sicher gilt.[124]

Schätzungen zufolge sollen mehr als 20.000 Abmahnungen von der Anwaltskanzlei verschickt worden sein. Die abgemahnten Nutzer sollten eine Unterlassungserklärung unterzeichnen und 250,00 € an die Abmahner überweisen. Das Besondere an diesem Fall ist, dass erstmalig Nutzer von Streaming-Diensten abgemahnt worden sind, und das, obwohl die Rechtslage um die Rechtmäßigkeit des Streaming im Internet nach wie vor ungeklärt ist.[125] Bisher wurde primär gegen die Portalbetreiber, also die Diensteanbieter, und sogenannten Uploader von Filmen und Videos, vorgegangen.

Neben der dubiosen Ermittlung der IP-Adressen der Internetnutzer, die für das Versenden von Abmahnungen an die Internetnutzer vonnöten ist, ging es in diesem Fall in erster Linie um die Frage, ob das Ansehen eines Streams durch den Nutzer auf *redtube.com* eine Urheberrechtsverletzung darstellt.

---

[121] *Biermann*, http://www.zeit.de/digital/internet/2014-02/redtube-porno-abmahnung (besucht am 06.05.2014).
[122] *Solmecke*, CR 2014, 137.
[123] *Jaeschke*, http://www.anwalt.de/rechtstipps/abmahnung-streaming-uc-rechtsanwaelte-fuer-the-archive-ag-amandas-secrets-und-glamour-show-girls_053910.html (besucht am 06.05.2014); *o.V.* http://www.abmahnungs-abwehr.de/abmahnung-u-c-rechtsanwaelte-urmann-kollegen/ (besucht am 06.05.2014).
[124] *Biermann*, http://www.zeit.de/digital/internet/2014-02/redtube-porno-abmahnung (besucht am 06.05.2014); *Solmecke*, CR 2014, 137.
[125] *Solmecke*, CR 2014, 137.

I. Urheberrechtliche Problematiken im Fall Redtube

Im Fall Redtube geht es um das Videoportal *redtube.com*, in dem pornographische Filme kostenlos zum Anschauen angeboten werden. Es lassen sich jedoch weniger vollständige Pornofilme dort vorfinden, sondern das Portal wird von den Herstellerfirmen vermehrt mit dem Einstellen von Ausschnitten aus originalen pornographischen Filmen zu Werbezwecken genutzt.[126] Die Webseite von Redtube ist in den USA gehostet und die Nutzungsbedingungen erlauben es nicht, Filme oder Videos auf diese Plattform hochzuladen, wenn man nicht die jeweiligen Rechte dafür besitzt. Zudem versichern die Betreiber der Webseite, unrechtmäßig eingestellte Medieninhalte zu entfernen, wenn sie auf diese hingewiesen worden sind.[127]

1. Urheberschutz für pornographische Inhalte

Die Redtube-Abmahnaffäre wirft die Frage nach dem Urheberschutz von pornographischen Filmen und Videos auf. In Betracht kommt ein Schutz als Filmwerk im Sinne von § 2 I Nr. 6 UrhG. Dazu müssen die vier Elemente des Werkbegriffs vorliegen.[128] Eine persönliche Schöpfung, der geistige Gehalt und auch die wahrnehmbare Form können grundsätzlich bejaht werden, jedoch ist die erforderliche Schöpfungshöhe bei pornographischen Filmen nicht vorhanden. Das Kriterium der Schöpfungshöhe soll die Individualität des Schöpfers zum Ausdruck bringen und Alltägliches aus dem Urheberschutz herausnehmen. Da pornographische Filme letzten Endes immer nach demselben Schema ablaufen und sich die Individualität des Urhebers nicht spürbar zeigt, kann ihnen keine persönliche geistige Schöpfung gemäß § 2 II UrhG zugesprochen werden. Deswegen fallen pornographische Filme und Videos nicht unter den Urheberschutz von Filmwerken nach § 2 I Nr. 6 UrhG.

Auch die Rechtsprechung ist weitgehend dieser Meinung. Schon das *Oberlandesgericht Hamburg* war 1984 der Auffassung, dass es für Pornofilme keinen Urheberrechtsschutz gibt.[129] In einem Urteil aus dem letzten Jahr stellte das *Landgericht München I* fest, dass Pornofilme urheberrechtlich nicht geschützt sind, da sie *„lediglich sexuelle Vorgänge in*

---

[126] *Biermann*, http://www.zeit.de/digital/internet/2013-12/redtube-porno-stream-abmahnung (besucht am 07.05.2014).
[127] *O.V.* http://www.redtube.com/legal#TermsOfService, http://www.redtube.com/legal#DMCA, http://www.redtube.com/legal#PrivacyPolicy, (besucht am 12.05.2014).
[128] Siehe Ausführungen auf S. 21, 22.
[129] *OLG Hamburg,* GRUR 1984, 663.

primitiver Weise" zeigen.[130] Möglich ist dagegen aber ein Schutz als Laufbilder nach § 95 UrhG. Der Laufbilderschutz für pornographische Inhalte kann nach §§ 94, 95, 128 II, 126 II UrhG vorhanden sein, wenn die Laufbilder früher als dreißig Tage vor dem Erscheinen in Deutschland im Ausland veröffentlicht wurden.

Die Rechtsprechung und die herrschende Meinung sind demzufolge auch der Ansicht, dass für pornographische Filme und Videos der Urheberschutz als Filmwerk nach § 2 UrhG auszuschließen ist, ihnen allerdings der Schutz als Laufbilder nach § 95 UrhG gewährt wird.

2. Untersuchung einer Urheberrechtsverletzung beim Streaming auf Redtube

Ein weiterer diskussionswürdiger Punkt im Redtube-Fall ist die Sichtweise der Abmahner in Sachen Streaming und einer möglichen Urheberrechtsverletzung auf *redtube.com*.

Nach Auffassung der Abmahner liegt auf der Plattform *redtube.com* bei der Wiedergabe der Filme und Videos die Form des progressiven Downloads vor.[131] Die Medieninhalte würden nach dem Ansehen vollständig auf der Festplatte des Nutzerrechners gespeichert und die Schrankenregelung des § 44a Nr. 2 UrhG wäre nicht betroffen. Wie beim Download entstünde auch beim Streaming durch die Zwischenspeicherungen der Daten eine illegale Kopie des Werkes.[132] Die abmahnende Kanzlei ist zudem der Ansicht, dass aufgrund des progressiven Downloads das Streaming-Portal *redtube.com* als Download-Plattform bezeichnet werden kann. Dies wird besonders in dem Antrag auf Erlass einer einstweiligen Anordnung gemäß § 101 IX UrhG von Rechtsanwalt Daniel Sebastian[133] beim *Landgericht Köln* vom 12.08.2013 deutlich. In diesem Antrag wird von einem Herunterladen der urheberrechtlich geschützten Werke ausgegangen und Redtube als ein Download-Portal bezeichnet.[134] Nach verschiedenen Aussagen der Abmahner würden die Daten der Medieninhalte entweder auf der Festplatte oder im Arbeitsspeicher vollständig gespeichert und wären je nach der individuellen Einstellung des Nutzers auch über einen längeren Zeitraum dort auffindbar und es käme laut dem

---

[130] *LG München I*, GRUR-RR 2014, 17.

[131] *O.V.* http://www.n-tv.de/technik/War-Redtube-erst-der-Anfang-article11908001.html (besucht am 13.05.2014).

[132] *O.V.* http://www.zeit.de/digital/internet/2014-01/video-streaming-urheberrecht-redtube-bundesregierung (besucht am 13.05.2014).

[133] Im Redtube-Fall war Daniel Sebastian von The Archive AG beauftragt worden, die Benutzer von Redtube und deren Adressen zu ermitteln, insbesondere die Freigabe der Verkehrsdaten (IP-Adressen) beim LG Köln zu beantragen.

[134] Antrag auf Erlass einer einstweiligen Anordnung von Daniel Sebastian, verfügbar unter: http://www.abmahnhelfer.de/wp-content/uploads/2013/12/Antrag.pdf (besucht am 15.05.2014).

antragstellenden Anwalt Daniel Sebastian und den Abmahnern zu einer dauerhaften Vervielfältigung im Sinne von § 16 UrhG.

Tatsache ist, dass auf dem Videoportal Redtube Medieninhalte kostenlos vom Nutzer gestreamt bzw. angeschaut werden können. Es handelt sich aber dabei um gewöhnliches Streaming, genauer gesagt um die Art des On-Demand-Streaming, denn der Nutzer kann die Filme und Videos zu einer Zeit seiner Wahl konsumieren. Die Bezeichnung von *redtube.com* als ein Download-Portal ist insofern unzutreffend, denn die dort angebotenen Inhalte werden hauptsächlich zum Ansehen, d.h. zum Streaming bzw. zum reinen Werkgenuss, bereitgestellt. Ein Herunterladen der Filme und Videos ist zwar möglich, jedoch muss der Nutzer sich auf der Webseite registriert haben und einen Account besitzen. Nichtsdestotrotz liegt der Schwerpunkt des Videoportals auf dem Streamen der auf der Webseite vorhandenen Filme und Videos.

Des Weiteren liegt die Form des progressiven Downloads auf der Plattform *redtube.com* nicht vor, da die Daten von einem Real Time Messaging Protocol (RTMP) via Internet von dem Server zu dem im Browser des Nutzers vorhandenen Adobe-Flash-Player übertragen werden.[135] Dabei entstehen anstatt von vollständigen und dauerhaften Speicherungen lediglich Zwischenspeicherungen des Werkes auf der Festplatte des Rechners oder im Arbeitsspeicher bzw. im Browser-Cache, die für die Wiedergabe des Videoinhaltes auf dem Computer technisch erforderlich sind. Es gibt jedoch Stimmen, die den progressiven Download auf Redtube bejahen[136], wobei dies für die rechtliche Bewertung der Rechtmäßigkeit des Streaming auf *redtube.com* aufgrund der Schrankenbestimmungen eine untergeordnete Rolle spielt.

Auch die Behauptung, dass die Videodaten über einen längeren Zeitraum auf der Festplatte oder im Arbeitsspeicher vorhanden sind und deswegen eine dauerhafte Vervielfältigung im Sinne von § 16 UrhG vorliegt, ist nicht stimmig. Die hervorgerufenen Zwischenspeicherungen beim Ansehen eines Films oder Videos auf *redtube.com* können zwar über einen längeren Zeitraum auf der Festplatte bzw. im Arbeitsspeicher existent sein, allerdings können sie nicht als „dauerhafte Vervielfältigung" angesehen werden. Dies ergibt sich daraus, dass die Zwischenspeicherungen und die damit verbundenen Vervielfältigungen der Datenfragmente je nach individueller Einstellung des Nutzers entweder mit dem Schließen des Browsers, dem

---

[135] *Solmecke*, CR 2014, 137.
[136] *Weiß*, https://www.ratgeberrecht.eu/abmahnung/redtube-streaming-oder-download.html (besucht am 15.05.2014).

Leeren des Browser-Cache oder mit dem Herunterfahren des Rechners gelöscht werden. Die Zwischenspeicherungen der Daten können schon für längere Zeit, beispielsweise ein paar Tage oder Wochen, im Arbeitsspeicher bzw. im Browser-Cache verfügbar sein, jedoch werden sie, spätestens wenn der Arbeitsspeicher bzw. Browser-Cache voll ist, automatisch gelöscht und sind damit nicht von Dauer, weshalb der Arbeitsspeicher bzw. Browser-Cache nicht als ein auf Dauer angelegtes Speichermedium gelten kann. Als dauerhaft ist etwas zu charakterisieren, dass einen langen Zeitraum überdauert und für eine gewisse Zeit beständig ist. So kann beispielsweise das Kopieren einer CD oder einer DVD auf einen zweiten Werkträger als dauerhafte Vervielfältigung gelten, da diese Kopie von Bestand ist und nicht in absehbarer Zeit „gelöscht" wird. Die beim Streaming entstehenden Zwischenspeicherungen und die damit verbundenen Vervielfältigungen der Datenfragmente können aus diesem Grund auch auf *redtube.com* nicht als „dauerhafte Vervielfältigung" bezeichnet werden.

Selbst wenn es sich beim Videoportal Redtube, wie nach Ansicht der Abmahner und einiger IT-Experten, um die Form des progressiven Download handeln würde und die Vervielfältigungen der Datenfragmente dauerhaft wären, käme immer noch die Schrankenregelung des § 53 I UrhG in Betracht, die natürlichen Personen, also dem Internetnutzer, die Erstellung einer Privatkopie zugesteht. Gemäß dieser Norm ist die Herstellung einer privaten (Film-) Kopie zulässig, wenn sie nicht von einer offensichtlich rechtswidrig öffentlich zugänglich gemachten Vorlage stammt. Die Plattform *redtube.com* kann hier als nicht offensichtlich rechtswidrige Quelle eingeordnet werden, da es dem Nutzer, anders als bei *YouTube,* nicht möglich ist, sich ohne weiteres zu registrieren und Beiträge einzustellen. Über die Veröffentlichung der Filme und Videos entscheidet der Portalbetreiber, ein in den USA ansässiges und für Internet-Pornographie bekanntes Unternehmen.[137] Der Internetnutzer kann daher darauf vertrauen, dass der Portalbetreiber die erforderlichen Rechte an den Inhalten auf der Webseite erworben hat. Für ihn ist nicht ersichtlich, ob der jeweilige Film oder das jeweilige Video mit oder ohne Zustimmung des ursprünglichen Rechteinhabers auf die Webseite hochgeladen wurde.

Darüber hinaus kann es sich beim Streaming auf *redtube.com* schon gar nicht um eine Urheberrechtsverletzung durch den Nutzer handeln, da neben § 53 I UrhG auch die Schrankenregelung des § 44a Nr. 2 UrhG einschlägig ist. Die Verletzung des Vervielfältigungsrechts aus den §§ 16, 94 UrhG wird durch § 44a Nr. 2 UrhG gedeckt. Es liegen vorübergehende begleitende Vervielfältigungen vor, die einen wesentlichen Teil eines technischen Verfahrens

---

[137] *Müller*, http://www.lto.de/recht/hintergruende/h/redtube-streaming-abmahnung-internetporno-urmann/?utm_medium=email&utm_campaign=LTO+Mobile+Fusion+51%2F13&utm_source=newsletter (besucht am 02.05.2014).

darstellen, eine rechtmäßige Nutzung des Werkes ermöglichen und keine eigenständige wirtschaftliche Bedeutung besitzen. Die vorübergehenden begleitenden Vervielfältigungen der urheberrechtlich geschützten Datenfragmente sind für den technischen Ablauf des Streamings erforderlich und dienen bloß dem reinen Werkgenuss des Nutzers, sodass diese Vervielfältigungen gemäß der Norm zulässig sind und beim Ansehen eines Films oder Videos auf *redtube.com* folglich keine Urheberrechtsverletzung durch den Nutzer begangen wird.

II. Die Rolle des Landgerichts Köln im Fall Redtube

Die Frage, die sich dennoch stellt, ist, wie es dazu kommen konnte, dass die Abmahner an die Namen und Adressen der Redtube-Nutzer kommen konnten, um die unberechtigten Abmahnungen[138] mit den vermeintlichen Urheberrechtsverletzungen zum Streaming versenden zu können.

Dies geht auf Entscheidungen des *Landgerichts Köln* zurück, bei dem der von *The Archive AG* beauftragte Rechtsanwalt Daniel Sebastian im August 2013 89 Auskunftsanträge gegen die Deutsche Telekom AG stellte, um an die Namen und Adressen der Redtube-Nutzer aufgrund der zuvor ermittelten IP-Adressen zu gelangen.[139] Die Anträge basieren auf § 101 IX UrhG und verlangen im Rahmen einer richterlichen Anordnung die Auskunft über die Namen und Anschriften derjenigen Internetnutzer, die laut den ermittelten IP-Adressen die geschützten Werke abgerufen haben sollen.[140] Wegen des rotierenden Systems im Geschäftsverteilungsplan des *Landgerichts Köln* waren bei der Erteilung der Auskunftsansprüche 16 verschiedene Zivilkammern beteiligt und es wurden 62 Anträge genehmigt und 27 abgewiesen.[141]

1. Fehleinschätzung des Landgerichts Köln

Bei der Untersuchung der Anträge fällt auf, dass in den Anträgen der Anschein erweckt wird, dass es sich um einen Download der geschützten Werke handeln würde und demzufolge ein Verstoß gegen das Vervielfältigungsrecht nach § 16 UrhG vorläge. Tatsächlich werden die geschützten Werke bei *redtube.com* aber gestreamt und nicht heruntergeladen. Außerdem

---

[138] *O.V.* http://www.focus.de/digital/amtsgericht-potsdam-redtube-abmahnungen-waren-nicht-rechtens_id_3766001.html (besucht am 05.05.2014).
[139] *Solmecke*, CR 2014, 137.
[140] Antrag auf Erlass einer einstweiligen Anordnung von Daniel Sebastian, verfügbar unter: http://www.abmahnhelfer.de/wp-content/uploads/2013/12/Antrag.pdf (besucht am 15.05.2014).
[141] *Solmecke*, CR 2014, 137, 138.

wird in den Anträgen an keiner Stelle die angebliche Download-Plattform Redtube vom Antragssteller erwähnt, sodass die Anträge unvollständig sind. Außer den spezialisierten Urheberrechtszivilkammern erkannten die anderen Kammern diese Mängel in den Anträgen nicht und genehmigten 62 Auskunftsanträge, sodass folglich die Abmahnungen verschickt werden konnten. Das *Landgericht Köln* ging fälschlicherweise davon aus, dass es sich bei Redtube um eine Tauschbörse handeln würde und deswegen durch den Nutzer eine Rechtsverletzung im Sinne von § 19a UrhG vorliegen würde.[142]

Nachdem im Dezember 2013 die Abmahnwelle erfolgte, gingen beim *Landgericht Köln* zahlreiche Beschwerden gegen die Entscheidungen in Sachen Streaming-Abmahnung ein. Die Folge war, dass das Gericht bemerkte, dass es unrechtmäßige Auskunftsbeschlüsse erlassen hatte und revidierte seine ursprüngliche Entscheidung. Im Beschluss vom 24.01.2014 gestand das *Landgericht Köln* ein, das es irrtümlich in den Auskunftsanträgen von einem *„Download in Form der dauerhaften Speicherung"* der geschützten Werke und der damit verbundenen Verletzung des Vervielfältigungsrechts aus § 16 UrhG ausgegangen sei.[143] Es erkannte an, dass es die von den Abmahnern vermutlich bewusst unvollständig und unpräzise formulierten Anträge missverstanden und falsch eingeschätzt haben, vor allem, da von einem Download-Portal die Rede war. Erst durch die Abmahnschreiben an die Internetnutzer hat das Gericht von den Verletzungshandlungen erfahren, die hinsichtlich des Streaming auf *redtube.com* begangen worden sein sollen.

2. Beschluss des Landgerichts Köln zur rechtlichen Einordnung des Streaming

Durch den erlassenen Beschluss wurde der Beschwerde eines Abgemahnten stattgeben. Allerdings ist es nicht dieser Umstand, der diese Entscheidung des *Landgerichts Köln* so beachtlich macht. Die bedeutendste Aussage in diesem Beschluss ist, das nach Auffassung des *Landgerichts Köln* das bloße Streaming einer Video-Datei bzw. deren Ansehen mittels eines Streams *„grundsätzlich noch keinen relevanten rechtswidrigen Verstoß im Sinne des Urheberrechts, insbesondere keine unerlaubte Vervielfältigung im Sinne von § 16 UrhG darstellt"*.[144] Beim Streaming werde keine Urheberrechtsverletzung begangen, wenn es sich dabei um eine nicht offensichtlich rechtswidrig hergestellte bzw. öffentlich zugänglich gemachte Videodatei handeln würde. Die vorübergehenden Vervielfältigungen der Daten-

---

[142] *LG Köln,* MMR 2014, 197.
[143] *LG Köln,* GRUR-RR 2014, 114.
[144] *LG Köln,* GRUR-RR 2014, 114.

fragmente der beim Streaming anfallenden Zwischenspeicherungen seien nach Ansicht des Gerichts von der Vorschrift des § 44a Nr. 2 UrhG gedeckt.

Es muss hierbei aber betont werden, dass es sich allein um eine Einschätzung des *Landgerichts Köln* zur Rechtmäßigkeit des Streaming handelt. Bisher existiert zu dieser Thematik wenig Rechtsprechung bzw. es gibt bislang kein Urteil, dass das Streaming explizit verbietet oder für illegal hält. Aus diesem Grund wird in dem Beschluss auch betont, dass die Frage nach der Rechtmäßigkeit des Streaming noch nicht abschließend höchstrichterlich geklärt ist. Dessen ungeachtet kann die Einschätzung des *Landgerichts Köln* als richtig und zutreffend bezeichnet werden, denn das Streaming verstößt erst recht nicht gegen das Urheberrecht, wenn es sich dabei um legale Inhalte handelt. Das bedeutet, dass Streams, die nicht aus einer offensichtlich rechtswidrig hergestellten oder öffentlich zugänglich gemachten Quelle stammen, durch die Schrankenregelungen gedeckt und somit zulässig sind. Das Anschauen solcher Streams ist für den Nutzer unbedenklich, da der reine Werkgenuss im Vordergrund steht. Aufgrund des privaten Werkgenusses kann die Rechtmäßigkeit des Konsums von Streams im Internet jedoch auch auf sogenannte rechtswidrige Streams ausgeweitet werden, weshalb praktisch jeder Stream im Internet vom Nutzer betrachtet werden kann.[145]

3. Beurteilung der Entscheidungen und der Arbeitsweise des Landgerichts Köln

Letztlich ist festzuhalten, dass die Rücknahme der Auskunftsbeschlüsse durch das *Landgericht Köln* nicht nur das eigene kritische Reflektieren der ergangenen Entscheidungen zeigt, sondern auch ein Beleg für die Rechtsweggarantie ist. Die Abgemahnten legten zu Recht Beschwerde ein, da die Auskunftserteilung rechtswidrig war. Nach einer erneuten Prüfung der Rechtslage erkannte das *Landgerichts Köln*, dass es die Beschlüsse nicht hätten erteilen dürfen, da die Voraussetzungen von § 101 IX UrhG aufgrund der fehlenden offensichtlichen Rechtsverletzung gemäß § 101 II S. 1 Nr. 3 UrhG in den Anträgen nicht erfüllt waren. Insofern ist es nur richtig und korrekt, dass die Beschwerden der Abgemahnten genehmigt und die fehlerhaften sowie zu Unrecht ergangenen Auskunftsbeschlüsse revidiert wurden.

Es ist jedoch nicht hinnehmbar, dass die Anträge auf Auskunftserteilung der Abmahner zunächst ohne jeden Zweifel genehmigt worden sind. Der Auskunftsanspruch nach § 101 II S.

---

[145] Siehe Ausführungen auf S. 36 ff.

1 Nr. 3 IX UrhG schränkt das in Artikel 10 GG verankerte Grundrecht des Fernmeldegeheimnisses ein. Dieses verbietet ein unerlaubtes Abhören, Verwerten oder Entstellen von Fernmeldebotschaften und schützt daher die unkörperliche Übertragung von Informationen.[146] Zudem stellt § 101 X UrhG eindeutig klar, dass durch den Auskunftsbeschluss in Artikel 10 GG eingegriffen wird. Durch das Stattgeben der Anträge der Abmahner wurde ein Verstoß gegen das grundgesetzlich geschützte Fernmeldegeheimnis begangen. Die Internetnutzer bzw. die Abgemahnten sind somit in ihren Rechten aus Artikel 10 GG verletzt worden.

Diese Tatsache allein stellt aber keine außergewöhnliche Besonderheit dar, denn im Rahmen der Verfolgung von Filesharing-Fällen wird solchen Anträgen grundsätzlich zugestimmt, um Urheberrechtsverstöße ahnden zu können. Kritisch und bedenklich ist hier jedoch, dass diese schwerwiegenden Eingriffe leichtfertig erfolgt sind. Die beteiligten Richter und besonders die nicht auf das Urheberrecht spezialisierten Kammern hätten die eingereichten Anträge genauer überprüfen müssen, bevor sie den Anträgen stattgeben. Bei einer sorgsameren Bearbeitung und Überprüfung hätte erkannt werden können, dass die Anträge unklar und unvollständig sind und sie deshalb hätten zurückgewiesen werden müssen, vor allem, da es sich in diesem Fall um Streaming und nicht um Filesharing oder irgendwelche Downloads handelte, wobei dem *Landgericht Köln* zugutegehalten werden muss, dass in den Anträgen fast ausschließlich von Downloads die Rede ist, sodass das Ziel der Abmahner aller Voraussicht nach darin bestand, das Gericht bewusst zu täuschen. Ausdrücklich zu erwähnen ist, dass die Konsequenzen aus solch einer Fehleinschätzung sehr hoch und weitreichend sind. Deshalb haben hier fehlende Aufmerksamkeit und vermutlich auch mangelnde Kompetenz dazu geführt, dass letztendlich tausende Internetnutzer unrechtmäßig abgemahnt wurden und die Unsicherheiten hinsichtlich des Streaming im Internet auf Nutzerseite durch die Entscheidungen und die Arbeitsweise des *Landgerichts Köln* verstärkt wurden.

Nicht zuletzt der rotierende Geschäftsverteilungsplan des *Landgerichts Köln*, der wegen der hohen Anzahl an Anträgen auf Auskunft im Rahmen der Filesharing-Verfahren zum Einsatz kommt[147], ist mit dafür verantwortlich, dass die Abmahnwelle stattfinden konnte. Dieser Plan ist einerseits verständlich nachvollziehbar. Nur den spezialisierten Kammern die Arbeit hinsichtlich der Auskunftsverfahren mit Bezug zum Urheberrecht zuzuteilen ist nicht gerade von Vorteil für die Schnelligkeit der Bearbeitung der Verfahren. Andererseits ist es aber sehr nachlässig, denjeni-

---

[146] *Baldus*, in: Beck' scher Online-Kommentar, Grundgesetz, Stand: 01.03.2014, Artikel 10 Rn. 7.
[147] *Solmecke*, CR 2014, 137, 138.

gen Kammern die Urheberrechtsfälle zuzuweisen, die in der Regel diesbezüglich keine Sachkenntnis besitzen und die im Grund für andere Bereiche zuständig sind. Die Lösung für dieses Dilemma könnte darin bestehen, die spezialisierten Urheberrechtskammern auszuweiten und aufzustocken, um der Masse an Anträgen zu Auskunftsansprüchen gerecht zu werden und um die Verfahren einigermaßen zügig abzuschließen zu können. Gerade der Fall Redtube hat aufgezeigt, welch hohes Risiko der rotierende Geschäftsverteilungsplan in sich birgt, da die Auswirkungen einer Fehleinschätzung gravierend sein können.

Abgesehen davon hat das *Landgericht Köln* letztendlich die Rechtslage um die Rechtmäßigkeit des Streaming im Fall Redtube richtig beurteilt. Das bloße Streaming eines Videoclips auf *redtube.com* durch den Nutzer stellt keinen Verstoß gegen das Urheberrecht dar.[148] Obwohl durch den technischen Prozess des Streaming das Vervielfältigungsrecht aus § 16 UrhG verletzt wird, liegt keine Urheberrechtsverletzung vor, denn die Schrankenbestimmungen von §§ 53 I, 44a Nr. 2 UrhG erlauben diesen Eingriff in das Vervielfältigungsrecht. Korrekterweise hat das *Landgericht Köln* festgestellt, dass es sich bei der Videoplattform Redtube um eine nicht offensichtlich rechtswidrige Quelle handelt bzw. die Inhalte dort nicht rechtswidrig öffentlich zugänglich gemacht werden, sodass das reine Anschauen eines Filmclips oder Videos von der Schrankenregelung des § 53 I UrhG gedeckt ist. Ein Verstoß gegen das Urheberrecht ist weiter zu verneinen, da zusätzlich § 44a Nr. 2 UrhG als Rechtfertigung der Verletzung des Vervielfältigungsrechts zur Anwendung kommt, wie auch das *Landgericht Köln* in seiner Entscheidung hervorhebt. Die Voraussetzungen von § 44a Nr. 2 UrhG liegen beim Streaming vor, denn die im Arbeitsspeicher bzw. Browser-Cache entstehenden vorübergehenden Vervielfältigungen sind begleitend, für das Funktionieren des Streaming erforderlich und besitzen auch keine eigenständige wirtschaftliche Bedeutung.

III. Aktuelle Entwicklungen in der Rechtsprechung zum Fall Redtube und zum Streaming

Wie die obigen Ausführungen insgesamt zeigen, liegt beim Streaming im Internet kein Urheberrechtsverstoß durch den Nutzer vor, da zwar einerseits das Vervielfältigungsrecht aus § 16 I UrhG durch die Zwischenspeicherungen mitsamt den dadurch hervorgerufenen Vervielfältigungen der Datenfragmente verletzt wird, diese aber andererseits aufgrund der

---

[148] So auch *Redlich*, K&R 2014, 73, 76.

Schrankenbestimmungen der §§ 53 I, 44a Nr. 2 UrhG zulässig sind. So haben die Redtube-Nutzer beim Streamen der Videos und Filmclips auf der Internetseite *redtube.com* entgegen der Ansicht der Abmahner auch keine Urheberrechtsverletzung begangen, da sowohl die Schranke von § 53 I UrhG als auch die von § 44a Nr. 2 UrhG anwendbar ist. Das Streaming ist somit gerechtfertigt und die Abmahnungen sind unberechtigt gewesen bzw. sie hätten nicht ergehen dürfen. Diese Beurteilung der Rechtslage wird auch in der jüngsten Rechtsprechung zum Fall Redtube deutlich.

1. Entscheidungen des Amtsgerichts Potsdam und des Amtsgerichts Hannover

Das *Amtsgericht Potsdam* hat in einem Versäumnisurteil gegen die Redtube-Abmahner entschieden, dass es das Streaming nicht als rechtswidrige Vervielfältigung im Sinne von § 16 UrhG ansehe, da es sich nach den Merkmalen von § 44a Nr. 2 UrhG um vorübergehende, flüchtige oder begleitende Vervielfältigungen handele, die spätestens beim Herunterfahren des Computers gelöscht werden.[149] Vorübergehende Kopien bzw. Vervielfältigungen von Teilen eines Videos im Arbeitsspeicher, die im Rahmen des Streaming entstehen, haben zusätzlich keine eigenständige wirtschaftliche Bedeutung und besitzen den Zweck einer rechtmäßigen Nutzung. Die Abmahnungen der Anwaltskanzlei *Urmann + Collegen* bzw. von *The Archive AG* seien somit zu Unrecht ausgesprochen worden.

Ähnlich urteilte das *Amtsgericht Hannover*. Es entschied, dass das Streaming auf einer Plattform wie Redtube keine Urheberrechtsverletzung sei, da es an einem relevanten Verstoß nach § 44a Nr. 2 UrhG fehle.[150] Die Schrankenregelung des § 44a Nr. 2 UrhG knüpfe an die Legalität der Nutzung des urheberrechtlichen Werkes an. Zudem teilt das Gericht die Auffassung, dass *„der reine Konsum eines illegal veröffentlichten Films erlaubt ist"*.[151] Neben § 44a Nr. 2 UrhG greife im Fall Redtube auch die Schranke der Privatkopie gemäß § 53 I UrhG, denn die Abmahner hätten nicht dargelegt, dass der Beklagte eine offensichtlich rechtswidrig hergestellte oder öffentlich zugänglich gemachte Vorlage gestreamt habe. Es obliegt im Falle des § 53 I UrhG dem Rechteinhaber zu beweisen, dass die vervielfältigte Vorlage offensicht-

---

[149] *AG Potsdam*, 09.04.2014 – 20 C 423/13.
[150] *AG Hannover*, 27.05.2014 – 550 C 13749/13.
[151] So auch Ausführungen auf S. 39 ff.; *Cornelius*, in: Münchener Anwaltshandbuch IT-Recht, Rn. 328-331; *Hilgert/Hilgert*, MMR 2014, 85, 88; *Stolz*, MMR 2013, 353, 356 ff.

lich rechtswidrig hergestellt oder öffentlich zugänglich gemacht wurde.[152] Dieser Beweisantritt durch die Abmahner wäre ausgeblieben. Das Gericht befand die Abmahnungen wie auch das *Amtsgericht Potsdam* als unberechtigt und zu unbestimmt, da die begehrte Unterlassungsverpflichtung zu weitreichend formuliert sei. Die Unterlassungserklärung verlangte ein Unterlassen des gesamten Streaming, unabhängig davon, ob die Vorlage offensichtlich rechtswidrig hergestellt oder öffentlich zugänglich gemacht worden ist.

Diese aktuellen Entscheidungen der Rechtsprechung zum Fall Redtube sind begrüßenswert und bestätigen die Sichtweise, dass das Streaming im Internet keine Urheberrechtsverletzung darstellt und es letzten Endes durch die Schrankenregelungen für den Nutzer legitim ist. Dies entspricht darüber hinaus auch dem Standpunkt der Bundesregierung. Infolge der Redtube-Abmahnaffäre hat das Bundesministerium der Justiz zur Zulässigkeit des Streaming aufgrund einer Kleinen Anfrage der Fraktion der Linken Stellung bezogen. Die Bundesregierung hält „*das reine Betrachten eines Videostreams nicht für eine Urheberrechtsverletzung*", jedoch sei bislang noch nicht höchstrichterlich geklärt worden, ob die Nutzung von Streaming-Angeboten eine Vervielfältigung darstelle, die die Rechte von Urhebern oder Leistungsschutzberechtigten verletze.[153] Letztlich könne diese Frage nur vom Europäischen Gerichtshof entschieden werden.

Da es aber an solch einer endgültigen höchstrichterlichen Entscheidung zur Rechtmäßigkeit des Streaming bislang fehlt, besteht aus Nutzersicht somit weiterhin ein gewisses Maß an Rechtsunsicherheit. Es kann womöglich gemutmaßt werden, dass die Rechtsprechung sich der Klärung dieser Frage gar entzieht. Das *Landgericht Hamburg* hat kurz nach Beginn der Abmahnaffäre der Firma *The Archive AG* per einstweiliger Verfügung verboten, weiterhin Abmahnungen gegen Redtube-Nutzer auszusprechen, da diese zu weit gegangen wären.[154] Allerdings macht das Gericht keine Aussagen zur Rechtmäßigkeit des Streaming und weicht somit der Frage aus, ob das Ansehen von sowohl legal als auch von illegal bereitgestellten Streams erlaubt ist. Der *Europäische Gerichtshof* hatte zu Beginn des Jahres in der Rechtssache *UPC Telekabel Wien* die Möglichkeit, sich zur Rechtslage des Streaming im Internet zu äußern und unter anderem die Frage des österreichischen *Obersten Gerichtshofs* zu beantworten, ob eine Vervielfältigung zum privaten Gebrauch und eine flüchtige oder begleitende Vervielfältigung nur dann zulässig ist, wenn die Vorlage der Vervielfältigung rechtmäßig

---

[152] BT-Drs. 16/1828, S. 26.
[153] BT-Drs. 18/246, S. 3.
[154] *LG Hamburg*, MMR 2014, 267.

vervielfältigt, verbreitet oder öffentlich zugänglich gemacht wurde. Es ging in diesem Fall darum, ob eine Webseite wie *kino.to*, die nachweislich überwiegend illegale Kopien urheberrechtlich geschützter Werke anbietet, durch eine richterliche Anordnung gesperrt werden kann. Der *Europäische Gerichtshof* entschied, dass einem Internetprovider auferlegt werden kann, seinen Kunden den Zugang zu einer urheberrechtsverletzenden Webseite zu sperren. Eine solche richterliche Anordnung und deren Umsetzung müsse jedoch ein angemessenes Gleichgewicht zwischen den betroffenen Grundrechten sicherstellen.[155] Auf die Frage des *Obersten Gerichtshofs* bezüglich der Zulässigkeit der Vervielfältigung wurde in der Entscheidung nicht eingegangen, sodass die Thematik um die Rechtmäßigkeit des Streaming umgangen wurde.

2. Urteil des Europäischen Gerichtshofs zu flüchtigen Kopien von Webseiten im Cache

Ein vor kurzer Zeit ergangenes, richtungsweisendes Urteil des *Europäischen Gerichtshofs*, das auch auf die Rechtmäßigkeit des Streaming und die oben dargestellte Sichtweise übertragbar ist, gibt es dennoch. Im konkreten Fall ging es um einen Rechtsstreit zwischen der *Public Relations Consultants Association Ltd. (PRCA)*, einer Organisation von Berufstätigen aus dem Bereich der Öffentlichkeitsarbeit, und der *Licensing Agency Ltd. (NLA)*, die von Zeitungsverlegern gegründet wurde, um kollektive Lizenzen in Bezug auf den Inhalt von Zeitungen zu erteilen. Die *PRCA* benutzt für ihre Arbeit den Medienbeobachtungsdienst *Meltwater*, der Berichte zu Presseartikeln im Internet anbietet. Diese Berichte werden anhand von Schlüsselwörtern erstellt, die die Kunden liefern. Die *NLA* war der Ansicht, dass *Meltwater* und deren Kunden, also auch die *PRCA*, eine Zustimmung der Urheberrechteinhaber für die Betrachtung der Berichte auf den Internetseiten einzuholen hätten, da die Erbringung bzw. die Inanspruchnahme dieses Dienstes die Erstellung von Kopien auf dem Bildschirm des Nutzerrechners und im Cache zur Folge habe. Die Lizenzgebühren müssten nach Meinung der *NLA* auch diejenigen Kopien berücksichtigen, die beim Lesen vorübergehend auf dem Computer des Nutzers abgelegt werden würden.

Der *Europäische Gerichtshof* urteilte, dass die vom Endnutzer bei der Betrachtung einer Webseite erstellten Kopien bzw. Vervielfältigungen auf dem Bildschirm des Computers und

---

[155] *EuGH*, NJW, 2014, 1577.

im Cache den Voraussetzungen von Artikel 5 der Richtlinie 2001/29/EG, der dem § 44a Nr. 2 UrhG entspricht, genügen und daher ohne Zustimmung des Urhebers oder Rechteinhabers erstellt werden können.[156] Bildschirm- und Cachekopien von einer Webseite würden keine Urheberrechte verletzen. Das Abrufen von Presseberichten und das vorübergehende Speichern der Internetseiten im Cache stelle eine flüchtige Vervielfältigung dar, die urheberrechtlich zulässig sei. Die Tatbestandsmerkmale von der Ausnahmeregelung des Artikel 5 der Richtlinie 2001/29/EG (§ 44a Nr. 2 UrhG) seien erfüllt und die Inhalteanbieter könnten für den Abruf keine zusätzlichen Lizenzgebühren verlangen. Der *Europäische Gerichtshof* hat somit festgelegt, dass die beim Betrachten einer Webseite erstellten Vervielfältigungen auf dem Bildschirm des Computers und im Arbeitsspeicher bzw. Browser-Cache ohne die Zustimmung des Urhebers bzw. Rechteinhabers erstellt werden dürfen, da diese vorübergehenden Vervielfältigungen unter die Ausnahmeregelung des Artikel 5 der Richtlinie 2001/29/EG (§ 44a Nr. 2 UrhG) fallen.

Diese Entscheidung ist auf das Streaming übertragbar und bekräftigt die oben erwähnte Sichtweise zur Rechtmäßigkeit des Streaming. Der *Europäische Gerichtshof* folgte der Meinung der *PRCA* und hat mit diesem Urteil klargestellt, dass die beim „surfen" im Internet bzw. bei dem Betrachten einer Webseite erstellten Vervielfältigungen auf dem Bildschirm des Computers und im Arbeitsspeicher bzw. im Browser-Cache ohne die Zustimmung des Urheberrechteinhabers erstellt werden können. Auf diese vorübergehenden Vervielfältigungen sei Artikel 5 der Richtlinie 2001/29/EG, also § 44a Nr. 2 UrhG, als Ausnahmeregelung anwendbar.

Beim Streaming werden durch die Zwischenspeicherungen vorübergehende Vervielfältigungen hervorgerufen, die nahezu identisch bzw. vergleichbar mit denen beim Betrachten einer Webseite samt den Prozessen des Browsing und Caching sind. Insofern kann die Entscheidung des *Europäischen Gerichtshofs* auf das Streaming im Internet übertragen werden. Wenn die Schrankenbestimmung des § 44a Nr. 2 UrhG auf das Browsing und Caching angewendet wird, dann ist es nur konsequent, dass sie auch für das Streaming gilt. Es wäre nicht verständlich, weshalb für Videos und Filmclips auf einer Webseite eine andere rechtliche Bewertung zum Tragen kommen soll als bei Texten und Bildern. Die Ausführungen des *Europäischen Gerichtshofs* im Urteilstext bestärken diesen Standpunkt. Neben der Prüfung der Tatbestandsvoraussetzungen der Schrankenregelung unterstreicht der *Europäische Gerichtshof*, dass die

---

[156] *EuGH*, 05.06.2014 – C-360/13.

Bildschirm- und Cachekopien nur dem Zweck der Betrachtung der Webseite dienen. Der Internetnutzer hat z.B. nicht vor, die Webseite mit den dort vorhandenen Werken herunterzuladen oder auszudrucken, was eine dauerhafte Vervielfältigung darstellen würde. Die Betrachtung per Browsing und Caching sei nach Ansicht des Gerichtshofs eine normale Verwertung der Werke, durch die die Internetnutzer in den Genuss der von den Herausgebern der betreffenden Internetseite bewirkten öffentlichen Wiedergabe der Werke gelangen können. Hierdurch wird deutlich, dass der *Europäische Gerichtshof* eine leichtere sowie benutzerfreundliche Nutzung des Internetbrowsers erreichen möchte und sich neuen Wegen der digitalen Werknutzung nicht verschließt. Zudem wird auch der rezeptive Werkgenuss privilegiert und gestärkt. Der Internetnutzer soll in der Lage sein, sich urheberrechtlich geschützte Werke im Internet mit seinem Browser ansehen zu können, obwohl hierdurch das Vervielfältigungsrecht des Urheberrechteinhabers berührt wird. Für die beim Betrachten der Inhalte entstehenden vorübergehenden Vervielfältigungen ist die Zustimmung des Rechteinhabers nicht explizit notwendig, da dem Internetnutzer die Schrankenregelung des Artikels 5 der Richtlinie 2001/29/EG bzw. § 44a Nr. 2 UrhG zugutekommt. So gesehen fällt das bloße Betrachten von urheberrechtlich geschützten Texten, Bildern und auch Videos auf einer Webseite unter den rezeptiven Werkgenuss, sodass hierin eine rechtmäßige Nutzung zu sehen ist.

Gleichwohl muss bei diesem Urteil festgehalten werden, dass es sich im Ausgangsfall bei den betrachteten Inhalten auf den Webseiten um rechtmäßig ins Internet gestellte Werke handelte. Die Inhalte an sich waren nicht rechtswidrig im Internet öffentlich zugänglich gemacht worden, sondern waren mit Zustimmung der betreffenden Urheberrechteinhaber durch die Herausgeber der Webseiten zum Abruf bereitgestellt worden. Aus diesem Grund ging es um die Frage, ob der weitere Zugriff durch den Nutzer eine gesonderte urheberrechtlich relevante Handlung darstellt und er für den Werkgenuss eine weitere Zustimmung des Urheberrechteinhabers einholen muss, was durch den Gerichtshof verneint wurde. In dieser Hinsicht könnte das Urteil auch nur auf legal, also mit Zustimmung des Rechteinhabers, ins Internet gestellte Streams übertragen werden, sodass in diesem Punkt Rechtsklarheit geschaffen wurde.

Des Weiteren ist bei der Anwendbarkeit des Artikels 5 I der Richtlinie 2001/29/EG bzw. des § 44a Nr. 2 UrhG der sogenannte Drei-Stufen-Test nach Artikel 5 V der Richtlinie 2001/29/EG zu berücksichtigen. Das heißt, dass die Ausnahmeregelung nur unter Berücksichtigung von Artikel 5 V der Richtlinie gilt bzw. sie dem Drei-Stufen-Test standhalten muss.

Diese Schranken-Schranke begrenzt die Ausnahmeregelung des Artikel 5 I der Richtlinie bzw. § 44a Nr. 2 UrhG und besagt, dass die Rechte des Urheberrechteinhabers (1) nur in bestimmten Sonderfällen beschränkt werden dürfen, (2) die normale Werkverwertung nicht beeinträchtigt werden darf und (3) die berechtigten Interessen des Urhebers nicht ungebührlich verletzt werden dürfen. Im Ausgangsfall sah der *Europäische Gerichtshof* in der Betrachtung der Webseiten einen Sonderfall und stellte fest, dass die Erstellung von Bildschirm- und Cachekopien die normale Werkverwertung nicht beeinträchtigt. Die Kopien würden ferner auch nicht ungebührlich die berechtigten Interessen der Urheberrechteinhaber verletzen, obwohl sie dem Nutzer den Zugang zu den auf den Webseiten dargestellten Werken grundsätzlich ohne die Zustimmung der Inhaber erlauben. Daher seien die Voraussetzungen von Artikel 5 V der Richtlinie gegeben und die Bildschirm- und Cachekopien hielten dem Drei-Stufen-Test stand.

Wie oben erwähnt, könnte die Entscheidung jedoch nur auf legal, also mit Zustimmung des Rechteinhabers, ins Internet gestellte Streams übertragen werden. § 44a Nr. 2 UrhG dient als Schrankenregelung, wie die obigen Ausführungen zeigen[157], dazu, das Betrachten von Streams im Internet zu rechtfertigen und greift für den Nutzer beim Anschauen von sowohl legal als auch illegal ins Internet gestellten Streams. Allerdings muss auch hier wie in dem Urteil dem Drei-Stufen-Test Rechnung getragen werden. Aufgrund des Urteils lassen sich aber Parallelen ziehen. So ist § 44a Nr. 2 UrhG auch ein „bestimmter Sonderfall", denn es geht beim Streaming um den rezeptiven Werkgenuss als rechtmäßige Nutzung. Weiterhin liegt durch das Streaming des Nutzers „keine Beeinträchtigung der normalen Werkverwertung" vor. Das Bereitstellen der Streams beeinträchtigt zwar grundsätzlich das in § 19a UrhG verankerte Recht der öffentlichen Zugänglichmachung des Urhebers, dieses wird beim Streaming im Falle eines illegal bereit gestellten Streams aber vom Streaming-Anbieter und nicht vom Nutzer verletzt. Der Nutzer betrachtet lediglich das Werk bzw. den Stream und diese Nutzungshandlung beeinträchtigt nicht die normale Werkverwertung, wie der *Europäische Gerichtshof* in seiner Entscheidung betont. Auch liegt durch das Betrachten des Streams bzw. durch den reinen Werkgenuss „keine Verletzung von berechtigten Interessen des Urhebers" vor. Zwar wird durch die Streaming-Angebote im Internet die Verwertung des Werkes für den Urheber dahingehend eingeschränkt, dass er nicht mehr die Kontrolle über die Verwertungsprozesse hat, da andere sein Werk unrechtmäßig veröffentlichen, verbreiten und vervielfältigen. Dies kann als eine Verletzung der wirtschaftlichen Interessen des Urhebers

---

[157] Siehe Ausführungen auf S. 33 ff.

angesehen werden. Allerdings wird diese Verletzung nicht vom Streaming Nutzer begangen, der den legal oder auch illegal ins Internet gestellten Stream ausschließlich betrachtet. Der reine Werkgenuss im analogen Bereich verletzt eben nicht die Interessen des Urhebers, weshalb es nicht ersichtlich und nicht nachvollziehbar ist, warum dies im digitalen Bereich anders bewertet werden sollte und das bloße Betrachten bzw. der reine Konsum dieser Inhalte eine urheberrechtlich relevante Handlung oder auch eine Urheberrechtsverletzung darstellen soll. Insoweit hält § 44a Nr. 2 UrhG beim Streaming von sowohl legalen als auch illegalen Streams dem Drei-Stufen-Test stand.

Die Entscheidung des *Europäischen Gerichtshofs* kann infolgedessen so ausgelegt werden, dass der reine Genuss eines Werkes auch in digitaler Form im Vordergrund steht und die dabei anfallenden Vervielfältigungen durch die Ausnahmevorschrift für vorübergehende Vervielfältigungen gedeckt sind. Da dieses Urteil auf die rechtliche Lage beim Streaming übertragen werden kann, kann daher auch geschlussfolgert werden, dass das Streaming im Internet durch diese Entscheidung des *Europäischen Gerichtshofs* zwar nicht unmittelbar legalisiert wurde, aber die Rechtmäßigkeit des Streaming hierdurch erheblich gestärkt wurde, da der *Europäische Gerichtshof* das Interesse des Nutzers am reinen Werkgenuss höher gewichtet als das Interesse des Urheberrechteinhabers am Schutz seines Werkes vor Verviel-fältigungen.

F. Fazit und Ausblick

In der heutigen digitalen Welt ist das Streaming nicht mehr weg zu denken. Video- und Musik-Streaming erfreuen sich wachsender Beliebtheit, was auch die größer werdenden Nutzerzahlen darlegen. Es kann sogar die Prognose getätigt werden, dass das Streaming im Internet noch zunehmen wird und die Zahl der Streaming-Angebote ansteigt, sodass diese Technik für den Internetnutzer weiter an Bedeutung gewinnen wird.

Damit verbunden ist allerdings auch die Frage nach einem Verstoß gegen das Urheberrecht beim Streaming im Internet. Das Verfahren des Streaming tangiert sowohl die Interessen und Rechte des Internetnutzers als auch die des Urhebers und Werkverwerters. Vorwiegend werden Musiktitel, Filme und Videos gestreamt, die wiederum den Werken der Literatur, Wissenschaft und Kunst und damit dem Urheberrecht zuzuordnen sind. Während des Streaming-Vorgangs finden technisch bedingt Zwischenspeicherungen der übertragenen und gleichzeitig wiedergegebenen Daten bzw. Datenfragmente statt. Unabhängig davon, ob die zwischengespeicherten Sequenzen aus Film- und Tonfetzen Werkqualität im Sinne des Urheberrechts aufweisen, sind sie in aller Regel urheberrechtlich geschützt. Die Zwischenspeicherungen der Daten beim Streaming geschehen hauptsächlich im Arbeitsspeicher bzw. im Browser-Cache, sodass es dort zu, wenn auch kurzfristigen, körperlichen Fixierungen kommt. Die Folge ist, dass beim Anschauen eines Streams durch den Internetnutzer aufgrund der temporären Zwischenspeicherungen der Daten ein Eingriff bzw. eine Verletzung des Vervielfältigungsrechts nach § 16 UrhG erfolgt.

Die rechtlichen Konsequenzen durch diese Verletzung des Vervielfältigungsrechts wären für den Nutzer jedoch immens. Er müsste sich Unterlassungs- sowie Schadensersatzansprüchen und einer möglichen Strafverfolgung aussetzen. Um all dem entgegenzuwirken existieren im Urheberrechtsgesetz Schrankenbestimmungen, die einen Interessenausgleich zwischen der Allgemeinheit bzw. dem Nutzer sowie dem Urheber und dem Werkverwerter bewerkstelligen sollen. Zur Rechtfertigung der Verletzung des Vervielfältigungsrechts kann sich der Streaming-Nutzer auf § 53 I und § 44a Nr. 2 UrhG berufen.

§ 53 I UrhG als Privatkopierschranke kommt für den Nutzer aufgrund des Tatbestandsmerkmals „nicht offensichtlich rechtswidrig hergestellte oder öffentlich zugänglich gemachte Vorlage" nur bei legal im Internet bereit gestellten Streams in Frage. Das Betrachten von unrechtmäßigen Inhalten bzw. unzulässigen Streams im Internet, wie beispielsweise die Streaming-Angebote auf *kinox.to* oder *movie4k.to,* sind von dieser Schrankenregelung nicht zugunsten des Nutzers gedeckt.

Die Schrankenregelung des § 44a Nr. 2 UrhG für vorübergehende Vervielfältigungshandlungen lässt sich dagegen auf den Konsum jedweder Streams im Internet anwenden. Die Tatbestandsvoraussetzungen sind erfüllt, bedenklich ist allenfalls die „rechtmäßige Nutzung". Wie die obigen Ausführungen belegen, sprechen die Argumente bei diesem Rechtsbegriff dafür, dass der rezeptive Werkgenuss darunter zu fassen ist, sodass auch unrechtmäßig im Internet veröffentliche Streaming-Angebote vom Nutzer angeschaut werden können und dabei kein Verstoß gegen das Urheberrecht begangen wird.

Dass sich dieses Verständnis noch nicht durchgesetzt hat und weiterhin Zweifel sowie unzutreffende Sichtweisen bezüglich des Streaming im Internet bestehen, offenbart die Redtube-Abmahnaffäre. Das Streamen der Inhalte auf der Webseite *redtube.com* stellt entgegen der Ansicht der Abmahner keinen Urheberrechtsverstoß dar, sodass die zahlreich ergangenen Abmahnungen unberechtigt gewesen sind, wie auch das *Landgericht Köln* sowie die *Amtsgerichte Potsdam und Hannover* bestätigt haben. Vielmehr kann davon ausgegangen werden, dass das eigentliche Ziel der Abmahner darin bestand, aus der Unsicherheit der Nutzer und der prekären Situation um das Anschauen pornographischer Filme im Internet Kapital zu schlagen.

Letztendlich kann festgehalten werden, dass der Internetnutzer beim Streaming im Internet keinen Verstoß gegen das Urheberrecht begeht. Beim Abrufen und Betrachten von Medieninhalten im Netz im Rahmen des Streaming wird zwar durch die Zwischenspeicherungen mitsamt den dadurch verbundenen Vervielfältigungen der Datenfragmente in das Vervielfältigungsrecht aus § 16 I UrhG eingegriffen, allerdings sind die entstehenden Vervielfältigungen durch die Schrankenregelungen der §§ 53 I, 44a Nr. 2 UrhG gedeckt und daher erlaubt.
Zu dieser Ansicht tendiert nicht zuletzt die Rechtsprechung. Das *Landgericht Köln* sowie die *Amtsgerichte Potsdam und Hannover* gehen auch davon aus, dass die für technische Vorgänge geschaffene Schrankenbestimmung des § 44a Nr. 2 UrhG die Rechtmäßigkeit des Streaming bejaht. Darüber hinaus ist das jüngst ergangene Urteil des *Europäischen Gerichtshofs* zur urheberrechtlichen Zulässigkeit von Bildschirm- und Cachekopien gemäß § 44a Nr. 2

UrhG auf das Streaming übertragbar. Die beim Browsing und Caching anfallenden vorübergehenden Vervielfältigungen stimmen mit denen beim Streaming überein, sodass § 44a Nr. 2 UrhG auch beim Streaming angewendet werden kann. Zusätzlich hebt der *Europäische Gerichtshof* die Freiheit des rezeptiven Werkgenusses hervor, der das Konsumieren bzw. Anschauen von urheberrechtlich geschützten Werken ohne Einschränkungen gestattet.

Zusammenfassend ist deshalb zu konstatieren, dass beim Streaming von Medieninhalten im Internet durch den Nutzer kein Verstoß gegen das Urheberrecht vorliegt. Eine höchstrichterliche Entscheidung, die diese Auffassung zum Ausdruck bringt, wäre erstrebenswert, sodass die Zweifel und Skepsis gegenüber der Rechtmäßigkeit des Streaming endgültig behoben werden.

Literaturverzeichnis

Ahlberg, Hartwig / Götting, Horst-Peter; Beck'scher Online-Kommentar Urheberrecht, Stand: 01.02.2014 München

Biermann, Kai; Abmahnanwälte erschrecken Pornogucker; 2013; (<http://www.zeit.de/digital/internet/2013-12/redtube-porno-stream-abmahnung>), besucht am 06.05.2014, 15:30 Uhr

Biermann, Kai; Die hinterhältigen Tricks der Porno-Abmahner; 2014; (<http://www.zeit.de/digital/internet/2014-02/redtube-porno-abmahnung>), besucht am 06.05.2014, 13:50 Uhr

BT-Drucksache 16/1828 vom 15.06.2006: Gesetzentwurf der Bundesregierung, Entwurf eines Zweiten Gesetzes zur Regelung des Urheberrechts in der Informationsgesellschaft (BT-Drucksache 16/1828)

BT-Drucksache 18/246 vom 02.01.2014: Antwort der Bundesregierung auf die Kleine Anfrage der Abgeordneten Halina Wawzyniak, Caren Lay, Herbert Behrens, weiterer Abgeordneter und der Fraktion DIE LINKE – Konsequenzen aus der Abmahnwelle gegen Nutzerinnen und Nutzer des Videostream-Portals Redtube.com (BT-Drucksache 18/246)

BT-Drucksache 18/751 vom 11.03.2014: Antwort der Bundesregierung auf die Kleine Anfrage der Abgeordneten Nicole Maisch, Volker Beck (Köln), Katja Keul, Dr. Konstatin von Notz und der Fraktion BÜNDNIS 90/DIE GRÜNEN – Klarheit für Verbraucherinnen und Verbraucher im Zusammenhang mit den Redtube-Abmahnungen (BT-Drucksache 18/751)

Busch, Thomas; Zur urheberrechtlichen Einordnung der Nutzung von Streamingangeboten, GRUR 2011, S. 496 – 503

Büscher, Mareile / Müller, Judith; Urheberrechtliche Fragestellungen des Audio-Video-Streamings, GRUR 2009, S. 558 – 560

Dreier, Thomas / Schulze, Gernot; Urheberrechtsgesetz, 4. Auflage München 2013

Dreyer, Gunda / Kotthoff, Jost / Meckel, Astrid; Urheberrecht, 3. Auflage Heidelberg 2013

Ensthaler, Jürgen; Streaming und Urheberrechtsverletzung, NJW 2014, S. 1553 – 1558

Fangerow, Kathleen / Schulz, Daniela; Die Nutzung von Angeboten auf www.kino.to – Eine urheberrechtliche Analyse des Film-Streamings- im Internet, GRUR 2014, S. 677 – 682

Galetzka, Christian / Stamer, Erik; Streaming – aktuelle Entwicklungen in Recht und Praxis – Redtube, kinox.to & Co., MMR 2014, S. 292 – 298

Gottfried, Gideon; Streaming in Deutschland: BVMI und BITKOM melden Wachstum; (<http://www.musikmarkt.de/Aktuell/News/Streaming-in-Deutschland-BVMI-und-BITKOM-melden-Wachstum>), besucht am 11.07.2014, 11:45 Uhr

Handermann, Sören; Buffering beschleunigen: So geht's; 2013; (<http://praxistipps.chip.de/buffering-beschleunigen-so-gehts_3425>), besucht am 09.04.2014, 11:15 Uhr

Heckmann, Dirk; Juris PraxisKommentar Internetrecht; 3. Auflage Saarbrücken 2011*Heidrich, Joerg / Forgó, Nikolaus / Feldmann, Thorsten*; Heise Online-Recht – Der Leitfaden für Praktiker & Juristen, Hannover 2011

Hilgert, Peter / Hilgert; Sebastian; Nutzung von Streaming-Portalen – Urheberrechtliche Fragen am Beispiel von Redtube, MMR 2014, S. 85 – 88

Hoeren, Thomas / Sieber, Ulrich / Holznagel, Bernd; Handbuch Multimedia-Recht; 38. Auflage München 2013

Jaeschke, Lars; Abmahnung Streaming – U+C Rechtsanwälte für The Archive AG – Amanda's secrets und Glamour Show Girls; 2013; (<http://www.anwalt.de/rechtstipps/abmahnung-streaming-uc-rechtsanwaelte-fuer-the-archive-ag-amandas-secrets-und-glamour-show-girls_053910.html>), besucht am 06.05.2014, 14:00 Uhr

Weiß, Frank; Redtube – Streaming oder Download?; 2014; (<https://www.ratgeberrecht.eu/abmahnung/redtube-streaming-oder-download.html>), besucht am 15.05.2014, 15:25 Uhr